KB201382

논어를 읽기 전

지은이 정춘수는 성균관대학교 국문학과를 나와 같은 대학원에서 석사(1993)를 마쳤다. 전공은 현대 문학이지만 뒤늦게 한자와 한문의 묘한 맛에 빠져서 줄곧 그와 관련된 책과 콘텐츠를 생산해 왔다. 현대인의 삶에 남겨진 한자와 한문의 흔적을 발견하고 모으고 재가공한 뒤 글로써 나누는 일에 남모르는 사명감을 느끼고 있다. 『한자 오디세이』(2003), 『한자만 좀 알면 과학도 참 쉬워』(물리 2006, 화학 2007), 『마법천자문 고사성어-고급편』(전3권 2008, 2009) 등을 짓거나 편집했다. 독자층을 유아부터 성인까지 잡고 좌충우돌 넘나들며 두세 마리 토끼를 잡고 있다. 블로그 한자섬 이야기www.hanzado.com를 운영 중이다.

2013년 7월 10일 초판 1쇄 인쇄
2013년 7월 17일 초판 1쇄 펴냄

지은이 정춘수
펴낸곳 부키(주)
펴낸이 박윤우
등록일 2012년 9월 27일 등록번호 제312-2012-000045호
주소 120-836 서울 서대문구 신촌로3길 15 산성빌딩 6층
전화 02) 325-0846
팩스 02) 3141-4066
홈페이지 www.bookie.co.kr
이메일 webmaster@bookie.co.kr
ISBN 978-89-6051-328-0 03150

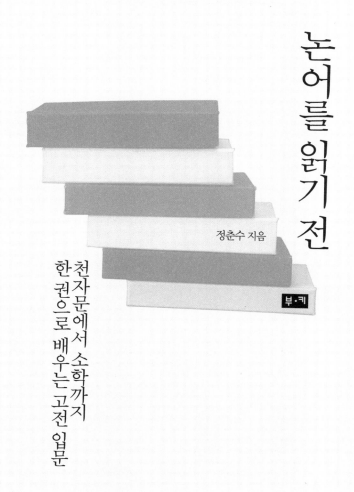

논어를 읽기 전

정춘수 지음

부·키

천자문에서 소학까지
한 권으로 배우는 고전 입문

무엇을 배우며 살 것인가

이 책은 요즈음 사람들이 애써 배우지 않는 것, 그러나 한 번쯤 아이든 어른이든 배워 봤으면 하는 그 무엇에 관한 글이다. 한때 웬만한 집안 자제라면 모두가 공부했지만 지금은 취향이 독특한 집안에서나 배울 수 있는 그런 책들에 관한 이야기이다.

처음엔 가벼운 호기심이 더 컸다. 어느 날 천자문과 명심보감, 동몽선습 같은 옛 책을 뒤적이고 있을 때였다. 오늘날이라면 초중등학교의 전 과목 통합 교과서라 할 만한 그 책들을 읽으며 궁금해졌다. 여기에 나오는 내용을 요즈음에도 사용하는 개념이나 소용 있는 지식 위주로 정리해 보면 어떨까. 그러면 옛사람과 현대인의 지식 차이가 또렷하게 드러나지 않을까. 또 현대인들이 삶이나 공부에서 놓치고 있는 것도 눈에 들어오겠지. 문득 떠오른 이런 생각이 이 책의 출발점이었다.

그러나 출항은 쉬웠지만 항해는 쉽지 않았다. 현대 사회의 일상에 연결 지을 개념 고리가 예상보다 훨씬 적었기 때문이다. 현대에 초점을 맞추면 옛 교과서에서 건질 내용이 많지 않았다. 반대로 과거에 초점을 맞추면 지식의 쓸모가 떨어졌다. 글쓰기는 이 두 가지 방향성 속에서 갈팡질팡 흔들렸다.

해결의 실마리는 엉뚱한 데서 찾아왔다. 어느 이른 봄날 제주도 서쪽에 자리한 매화 숲에 들었을 때였다. 나는 순식간에 매화 향기에 빠져들었다. 아스팔트와 시멘트 숲 속에서 노닐던 서울 촌놈에게 그 향기는 처음 맛보는 성찬이었다.

그 전에도 매화를 알고 있었다. 매화는 선비들이 좋아하던 꽃이다. 늦겨울 추위를 이겨 내고 꿋꿋하게 꽃망울을 틔우는 그 꽃을 선비들은 지조의 상징으로 여겼다. 그러나 그럴 수 있겠다고 이해는 해도 그들의 취향에 공감한 적은 없었다. 그날 은은한 매화 향을 맡아 보지 못했다면 지금도 여전히 그러했을 것이다.

그러니까 매화에 대한 내 지식은 반쪽짜리였다. 문제는 과거의 지식 개념이 현재와 달랐다는 데 있었다. 현대인에게 지식 또는 앎이란 주로 머릿속에 쌓아 두는 것을 가리킨다. 비유하자면 하드에 저장했다가 언제든 꺼내 쓰는 정보 같은 것이다. 그러나 조선 시대에 지식은 머리와 함께 가슴에 새기고 몸에 배이도록 하는 것이었다.

그 지식은 매화의 예처럼 느끼고 향유해야만 온전해질 수 있었다.

이것이 바로 조선 시대 선비들이 『논어』나 『맹자』 같은 유학 경전을 읽기 전 갖추고자 했던 지식이었다. 천자문, 동몽선습, 통감절요, 소학, 내훈, 명심보감 같은 책은 감성과 덕성이라 부를 수도 있는 그런 지식을 집중적으로 가르치는 교재였다. 여기까지 생각이 이르자 글쓰기의 방향과 중심이 잡혔다. 옛 교과서에서 감성과 덕성에 관련된 내용을 풍성하게 끄집어내 보여 주고 싶어졌다.

이 책을 쓰면서 알게 됐지만 유학은 삶의 논리학이라기보다 삶의 미학에 가깝다. 유학자들은 효나 예의를 강조하더라도 그것의 정의나 논리 근거, 개념 체계에 큰 관심을 쏟지 않는다. 그보다 효나 예의의 실천 사례나 절차를 풍성하게 제시한다. 이를 꾸준히 반복해서 실천하고 몸에 배이도록 하는 것이 공부의 시작이었다.

그러므로 이론의 체계성이나 논리의 일관성 같은 잣대로 동양 고전을 들여다보면 관계망이 허술한 몇 가지 개념만 눈에 들어온다. 그 개념들은 앙상할뿐더러 시의성이 떨어진다. 게다가 말씀이란 형태에 갇혀 있어서 고집스럽기까지 하다.

그러나 감정의 소통, 사회 질서의 내면화란 잣대로 접근하면 사정이 달라진다. 꽤 건강한 인간이 눈에 들어온다. 두려워해야 할 때 두려워할 줄 알고, 고마워해야 할 때 고마워할 줄 알고, 기쁘거나 슬퍼야 할 때 그리할 줄 아는 인간. 유학자들의 최대 관심사 가운데 하나는 풍부한 감성과 덕성을 갖춰 인간관계를 넉넉하게 느끼고 즐

● 머리글

기는 일이었다.

　이런 관심을 지식과 정보의 양을 중시하는 현대 사회에서는 찾아보기 힘들다. 정확히 말하자면 찾아볼 순 있지만 학교, 기업, 가정, 교회, 절 들에 저마다의 방식으로 뿔뿔이 흩어져 있다. 어쩌면 이 책의 가장 큰 문제의식이 그 대목에 있었는지도 모르겠다.

　시대가 달라지고 사회가 변했는데 삶을 누리는 감성이나 덕성은 과연 달라졌는가. 옛 감성과 덕성에서 크게 벗어나지 못한 것은 아닌가. 자유와 민주, 평등과 복지 같은 현대적 가치를 수많은 사람들이 말하지만 그에 걸맞은 감성과 덕성을 창조해 내면서 살아가고 있는가. 현대인은 그것을 어디서 어떻게 배우고 있을까. 이것이 옛 교과서를 뒤적이며 글을 쓸 때 늘 머릿속을 떠나지 않았던 고민이다.

　원고를 끝내고 나면 언제나 빚진 기분이 든다. 이번에는 다루었던 주제 탓인지 유독 그런 기분이다. 뭐 그리 대단한 글을 쓴다고 번번이 사람들을 놓치고 사는지···. 출판사 사장님, 편집자 후배와 일에 관련된 분, 이제 남남이 된 이, 가족과 선후배 친구들, 이 책을 읽을 독자분 모두에게 고마움을 전한다.

2013년 7월 초순에 쓰다

정춘수

차례

六 마음을 비추는 보물 같은 글, 명심보감

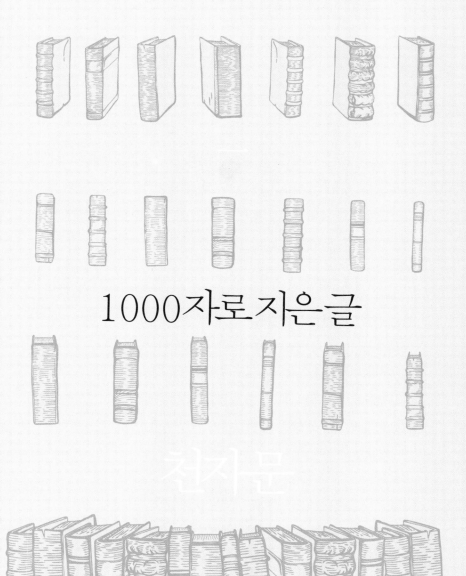

1000자로 지은 글

천자문

예비 선비들이 달달 외웠던 책 가운데 가장 윗자리는 천자문에게 내어 줘야 옳을 것이다. 천자문은 말 그대로 한자 1000자로 엮은 글이다. 6세기 초반 중국 양나라 무제 때 주흥사라는 이가 지었다고 한다. 네 자씩 250줄로 지은 짤막한 운문이라 옛날이야기처럼 재미난 느낌을 주지는 않는다.

그래도 삼국 시대에 이 땅에 수입된 이래 천자문만큼 큰 영향을 끼친 한자 책도 없었다. 명심보감이나 소학, 동몽선습, 통감절요 들도 조선 시대 훈장 선생님과 어린이에게 꽤 인기 높은 학습서였다.

그러나 영향력의 지속이나 깊이에서 천자문을 따라잡지는 못했다. 전통적인 한학 교육이 공교육에서 퇴출된 일제 강점기에 들어서도 천자문은 발행처와 판본을 달리하며 50여 종이 넘게 간행되었다. 천자문은 그야말로 베스트셀러 중의 베스트셀러였다.

천자문이 다루는 내용은 그 폭이 무척 넓었다. 우주에 대한 묘사로 시작해 자연의 이치, 중국의 고대 신화, 훌륭한 사람이 되기 위한 방도, 사람 사이의 예의범절, 통치자의 덕목, 중국의 도읍지와 자연 풍경을 거쳐 중국 고대 역사와 인물, 제도, 한문 어법에까지 이른다.

주제만 놓고 보면 천문, 신화, 자연, 인류, 도덕, 역사, 인물, 지리, 예절 등 선비가 평생 공부할 내용이 천자문에 거의 담겨 있다고 할 수 있다. 그렇지만 워낙 글이 시적이고 압축적이어서 막상 천자문 구절구절을 세세하게 파고들면 어른들도 그 내용을 이해하기가 어렵다.

그래서 천자문은 그 속에 담긴 지식을 배우기 위한 교재가 아니었다. 주로 한자 1000자의 음과 뜻을 익히기 위한 교재로 사용되었다. 예비 선비들은 천자문을 배울 때 내용을 몰라도 무작정 음과 뜻을 달달 외워야 했다.

조선 후기 들어 천자문이 많은 비판을 받은 것도 그런 이유 때문이었다. 한자의 음과 뜻을 익히는 교재로 쓰기에는 내용이 너무 추상적이고 어렵다는 점. 정약용 같은 이는 천자문을 대체하기 위해 아이 주변 사물의 이름에서 출발한 새로운 교재까지 만들었을 정도였다.

그러나 그런 노력이 천자문을 밀어내지는 못했다. 1000자의 한자를 중복해서 쓰지 않으면서 그럴듯한 시적 문장을 만들어 냈던 놀라운 감각을 그 어떤 교재도 대치하기 어려웠기 때문이다. 여기서는 아직도 일상에서 영향력을 발휘하는 개념 위주로 중요 구절들을 살펴보고, 그 감각을 조금이나마 느껴 보고자 한다.

하늘은 까맣고 땅은 누르니
우주란 넓고도 험하구나

天地玄黃 宇宙洪荒

— 天地玄黃 宇宙洪荒 —
천지현황 우주홍황

天 하늘 천　**地** 땅 지　**玄** 검을 현: 색깔이 검다는 뜻 외에 가물가물하다, 까마득하다는 뜻도 갖고 있다.　**黃** 누를 황　**宇** 집/처마 우　**宙** 집/마룻대 주　**洪** 넓을 홍　**荒** 거칠/클 황　우주**宇宙**: 장대한 시공간을 가리킨다. 집 우, 집 주로 새기는 것은 오래전 하늘을 지붕이나 덮개로 여겨서 하늘과 땅을 거대한 집으로 상상했던 관념이 남긴 흔적이다.

이 우주는 그 우주가 아니야

여기 우주를 우리가 상식으로 알고 있는 우주랑 같다고 생각하면 안 된다. '우주'는 중국 한나라(기원전 206~기원후 220) 시절에도 용례가 발견될 정도로 무척 오래된 한자어이다. 그제나 이제나 같은 한자를 쓰니까 뜻이 같을 거라고 여기기 쉽다. 그러나 세월의 때를 오래 탔던 만큼 우주가 내포하는 의미는 과거와 현재가 확연히 다르다.

천자문이 베스트셀러로 등장하던 시기, 중국 지식층 대다수가 상상한 우주는 계란과 비슷했다. 혼천설이라 부르는 이 우주관에 따르면 땅은 계란 노른자였고 하늘은 땅을 둘러싼 계란 껍질이었다. 둥근 껍질 하늘에는 해와 달, 별과 별자리가 달라붙어 있었다. 이 껍질이 북극성을 축으로 하루에 한 바퀴씩 회전함에 따라 낮과 밤이 번갈아 생겨났다.

이에 반해 우리가 중고등학교 교과서에서 배우는 우주는 지구, 태양계, 은하, 은하단, 성단 따위로 구성된다. 해와 별들이 도는 게 아니라 지구가 하루에 한 바퀴씩 회전하고, 별이 우주 속에 떠 있듯 지구 역시 그러하다. 현대 과학자 대다수는 약 137억 년 전에 탄생해 무한히 팽창한다는 우주 학설을 지지한다.

이런 우주 개념으로 보면 우주의 생성과 변화는 지구와 상관없다.

현대적 상상이 가미된 혼천설의 우주. 가운데 지구(땅)를 퍼진 계란 노른자나
네모난 쿠키 모양으로 상상하면 본래의 혼천설에 가깝다.

지구는 우주 전체에 비하면 너무 너무 너무 작고, 태어난 시기 역시
엄청 늦은 막둥이일 뿐이다. 한마디로 우주 나고 지구(땅) 났지 지
구 나고 우주 난 것이 아니다.

　그러나 혼천설은 우주의 반을 하늘에서, 나머지 반을 땅(지구)에
서 이끌어 낸다. 이때 우주는 눈에 보이는 지평선이나 수평선 위아
래 또는 바깥 공간을 무한에 가깝게 확장한 모형에 지나지 않는다.
우주와 지구는 한 몸이었다. 이 우주는 우리가 발을 딛고 살아가는
세상을 좀 더 비유적인 용어로 치환한 것이었다.

　그러므로 천자문에서 우주를 묻는 일은 땅과 땅 위에서 살아가는

인간의 삶을 묻는 것과 통했다. "아, 세상이란 참으로 넓고 크고 험하구나!" 하는 정도의 탄식이 우주란 단어를 통해서 천자문 저자가 전하고 싶었던 내용이다. 그렇다면 자연스레 의문 하나가 뒤따르게 된다. "이 험한 세상 어찌 살아가야 하나?" 천자문의 나머지 구절은 이 질문에 대한 주흥사 나름의 답이기도 했다.

하늘은 푸르지 않나?

중학교 1학년인가 2학년 때 처음으로 천자문을 읽고 썩 탐탁지 않게 여겼던 기억이 난다. 첫 구절부터 그 주장하는 바에 "옳소!"라며 손을 들기 어려웠기 때문이다. '하늘은 푸른데 왜 검다 그러지?' 이런 의심이 머리를 떠나지 않았다.

그런데 조선 시대에도 똑같은 의문을 품은 아이가 있었다. 그 아이는 천자문 공부를 싫어했는데 선생님이 이를 꾸짖자 순순히 잘못을 빌지 않고 항변했다.

"하늘은 푸르고 푸른데 푸르지 않다고 하잖아요. 그래서 싫어요."

조선 후기 학자였던 박지원(1737~1805)의 『연암집』에 나오는 이야기이다. 여기에서 아이를 꾸짖은 선생이 박지원이었다. 그는 아이의 항변을 들은 뒤 태도를 바꾸어 아이의 똑똑함을 칭찬했다. 그러나 천자문의 첫 구절이 정말 틀렸는지, 틀렸다면 어떻게 고쳐야 하는지, 이런 문제에 대해 명쾌하게 답을 주지 않았다.

좀 엉뚱하지만 이 문제를 진지하게 고민한 이는 천자문을 까맣게 몰랐던 레오나르도 다빈치(1452~1519)였다. 그는 까만색 천 앞에서 연기를 피우는 실험을 통해 하늘의 푸른색이 깜깜한 우주 공간을 배경으로 햇빛이 공기 중에서 산란한 결과임을 유추해 냈다. 하얀색 천 앞에서 피웠을 때 회색빛이던 연기가 까만색 천을 배경으로 했을 때 푸른색으로 보였던 것이다.

  다빈치의 논리를 따르면 가까운 하늘은 파랗고 먼 하늘은 검다고 해야 맞다. 낮 하늘은 파랗고 밤하늘은 까맣다고 해도 좋다. 논리를 조금 더 정밀하게 적용하면 하늘은 단색이 아니라 그때그때 달라진다고 해야 한다. 주어진 시각과 대기의 기상 상태에 따라 하늘의 색은 검거나 파랗거나 잿빛이 되거나 붉어지기 때문이다.

해와 달은 차고 기우는데
별과 별자리를 줄지어 펼쳐 놓았네
日月盈昃 辰宿列張

— 日月盈昃 辰宿列張 —
일 월 영 측 진 수 열 장

日 날/해 일 **月** 달 월 **盈** 찰 영 **昃** 기울 측 **辰** 별 진 **宿** 잘 숙/별자리 수 **列** 벌릴/줄 렬 **張** 베풀/펼 장 • 영측**盈昃**: 두 가지 의미를 지닌다. 해가 높이 떴다 서쪽으로 기운다는 뜻과 달이 보름달로 차올랐다 이지러진다는 뜻.

별들도 줄을 잘 서야…

같은 것을 보고도 서로 다른 것을 봤다고 주장할 수 있을까. 답은 '그렇다'이다. 하늘 모습을 묘사하고 있는 이 천자문 구절도 그 답을 증명해 주는 본보기이다. 같은 별인데 누구는 거기서 별자리 모양을 보지만 누구는 사랑하는 연인을 보지 않는가. 또 별자리를 본다 해도 서양식과 동양식이 전혀 다르지 않은가. 눈에 보이는 대로 보는 일은 사실 생각만큼 쉽지 않다.

서양 별자리는 천자문과 상관없으니까 제쳐 놓고, 동양 별자리만 살펴보자. 동양 별자리는 고대 사회의 임금과 관리, 백성이 사는 장소와 그 삶을 하늘에 그대로 투영한다. 임금이 죽으면 하늘에 올라가 임금 자리가 된다. 거지가 죽으면 하늘에서 거지 자리가 된다. 그래서 북극성 주위는 땅 위라면 중국의 자금성이라고 할 만한, 하늘 궁궐이 위치한 자리였다.

자미원, 태미원, 천시원으로 나누어진 이 하늘의 중심 영역은 하늘 황제, 태자, 후궁 같은 별과 궁궐 담, 부엌, 감옥, 경호원, 푸줏간, 보석상 같은 별자리가 펼쳐진 곳이었다. 즉 하늘 궁궐과 정부, 시장과 관계된 별과 별자리가 위치한 영역이었다.

중심 영역 바깥쪽은 하늘 황제가 다스리는 제후국 영역에 해당되

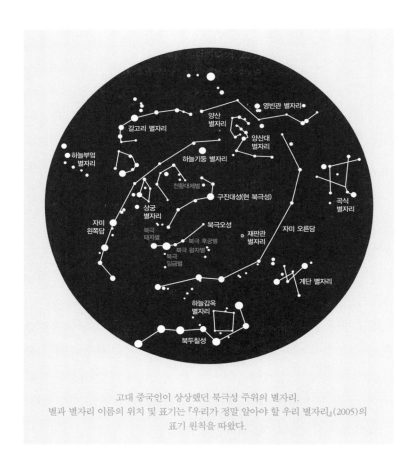

고대 중국인이 상상했던 북극성 주위의 별자리.
별과 별자리 이름의 위치 및 표기는 『우리가 정말 알아야 할 우리 별자리』(2005)의
표기 원칙을 따왔다.

었다. 이곳에는 뒷박별자리(두수斗宿), 꼬리별자리(미수尾宿), 우물
별자리(정수井宿)같이 스물여덟 개의 대표 별자리인 이십팔수가 펼
쳐져 있었다. 그리고 이 이십팔수를 두셋씩 묶어 열두 분야로 나눈
공간이 중국 춘추 전국 시대의 열두 나라 또는 그 나라가 위치했던
열두 지역을 상징했다.

● 논어를 읽기 전

이런 천체 구조가 암시하는 관념은 분명했다. 바로 중국 황제 중심의 천하 질서였다. 하늘의 질서와 땅의 질서가 서로 대응하니 중국 황제를 북극성처럼 받들고 따르라는 선포, 별과 별자리처럼 각자가 타고난 신분과 직분을 지켜 질서를 어지럽히지 마라는 경고였다. 천자문에 나온 하늘은 이런 권고 사항을 별과 별자리로 새겨 놓은 거대한 안내판이었다. 해나 별 같은 천체도 인간 사회처럼 계급화, 양극화된 하늘에서 위계에 맞춰 줄줄이 줄을 섰던 셈이다.

조선의 별자리판, 천상열차분야지도

조선의 왕과 선비는 중국의 천문학을 적극 수용했다. 이는 그들이 중국의 앞선 천문 관측법과 관측 도구, 역법뿐 아니라 천문학에 담긴 이념까지 함께 받아들였음을 뜻한다. 이런 사정을 보여 주는 대표적인 유물이 태조 4년(1395)에 돌에 새긴 천문도인 천상열차분야지도天象列次分野之圖였다.

이름이 좀 긴데 풀어 보자. 천상은 해와 달, 별이 운행하는 하늘(天) 모습(象)이다. 열차는 이 모습을 차례(次)에 맞추어 줄줄이 벌려(列) 놓았음을 나타낸다. 분야는 스물여덟 개 별자리로 대표되는 하늘 벌판(野)을 중국 땅의 열두 지역에 대응시켜 나눈(分) 것이고, 지도는 그것의(之) 그림(圖)이다. 눈으로 본 그대로 별만 새긴 그림이 아니라 특정한 차례와 질서를 부여해 별을 구획해 놓은 천문도

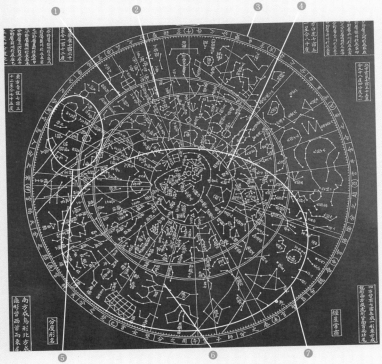

① ② ③ ④

⑤ ⑥ ⑦

천상열차분야지도의 고탁본.
숙종 때에 다시 돌에 새긴 숙종 석간본의 탁본이다. 성신여대박물관 소장.

❶ 황도: 태양이 지나는 자리.

❷ 적도: 천구의 적도를 나타내는 선.

❸ 십이차와 황도 십이궁, 열두 분야를 열두 칸으로 배열한 테두리. 요즈음 별자리판의 열두
달 순서에 대응한다.

❹ 주극원: 일 년 내내 보이는 별자리 영역.

❺ 조선에 대응하는 분야였던 꼬리별자리(미수尾宿)와 키별자리(기수箕宿), 됫박별자리(두수
斗宿) 영역. 이곳에 혜성이라도 나타나면 조선의 왕은 신하들과 대책 회의를 하면서 자신의
정치를 반성했다. 하늘에서 조선의 분야에 흉한 일이 생기면 이어서 조선 땅에 재난이나 난
리가 난다고 믿었기 때문이다.

❻ 이십팔수의 영역을 구분해 주는 선. 실제 이십팔수의 영역이 이 선으로 구획한 영역에 반듯
하게 일치하진 않는다.

❼ 대략 3월 중순 0시를 기준으로 했을 때 밤하늘에 보이는 영역. 천상열차분야지도는 그 위에
24시각을 표시한 투명 회전판을 붙이면 요즈음 파는 별자리판과 기능이 비슷해진다.

가 바로 천상열차분야지도다.

이 천문도에서 한때 고구려와 국경선을 맞대고 싸웠던 중국 연나라 땅의 분야가 꼬리별자리(미수尾宿)와 키별자리(기수箕宿), 됫박별자리(두수斗宿) 근처였다. 서양식 명칭으론 전갈자리 꼬리 부분과 궁수자리 일부에 해당되는 곳이다. 조선의 왕과 주류 지식층은 하늘 변두리에 놓인, 이 연나라 땅의 분야를 조선의 분야와 동일시했다. 그러면서 명나라 황제 중심의 천하 질서로 적극 편입해 들어갔다.

이후 조선은 가끔씩 중단되긴 했어도 삼국 시대 이래로 꾸준히 이어 왔던 제천 행사를 폐지했다. 세조 때 예외적으로 두 차례 천제(하늘 제사)를 지내긴 했지만 이는 천상열차분야지도에 함축된 이념에 어긋나는 것이었다. 천상열차분야지도에 따르면 북극성 주위에 자기 자리를 갖고 있는 중국 황제만이 하늘에 제사 지낼 자격을 지녔기 때문이다. 이념은 저 혼자 들어오지 않는다. 항상 뭔가에 묻어서 들어온다.

임금 자리를 물려주어 나라를 넘긴 이는
순임금과 요임금이라지

推位讓國 有虞陶唐

— 推位讓國 有虞陶唐 —
추위양국 유우도당

推 밀 추 位 자리 위 讓 사양할 양 國 나라 국 有 있을/성 유 虞 순임금 우 陶 질그릇/성
도 唐 당나라 당 • 유우有虞: 순임금의 다른 이름이다. • 도당陶唐: 요임금의 다른 이름이다.

요순시대라는 꿈

요순시대란 요임금과 순임금이 중국을 통치하던 시절을 가리킨다. 중국 최초 왕조라는 하나라보다 앞서서 지금으로부터 대략 4300년 전에서 4200년 전 즈음에 존재했다고 전하는데 실재했다는 증거는 없다. 역사가 아니라 신화라는 말이다. 그래도 이 신화가 이상적인 사회 모델로서 중국의 정치와 문화에 끼친 영향력만큼은 현실이자 역사였다.

사마천의 『사기』에 따르면 요순시대의 가장 중요한 특징은 왕위가 세습되지 않았다는 점이다. 요는 효자로 소문난 순에게 왕위를 물려주었다. 순은 치수에 공을 쌓은 우에게 왕위를 넘겼다. 그들에게 천하는 아직 임금의 사사로운 소유물이 아니었다.

요와 순이 모두 너그러운 임금이었다는 점도 특징이라 할 만했다. 요는 하늘처럼 어질었다고 한다. 순은 지극한 효자였다. 특히 순은 자신을 죽이려는 아버지에게도 효를 다했다. 이는 그 정도로 인자했으니 백성에게 어떠했겠느냐는 판단을 내보인 일화였다.

그런데 여기까지만 놓고 보면 요순시대라 해서 특별히 매력적이지 않다. 왕위를 현자에게 물려주는 전통은 왕조 사회에서나 부러움의 대상이지 민주 공화국을 사는 우리에게는 미덕이 아니다. 요

- 기원전 1046년 주나라 건립.
- 기원전 770년 주나라 평왕이 동쪽 낙양으로 도읍을 옮김. 동주 시대 또는 춘추 전국 시대 시작. 대략 100여 개가 넘는 제후국들이 대결과 경쟁에 돌입.
- 기원전 453년 주나라 제후국인 진晉나라가 한韓, 위魏, 조趙나라로 나뉨. 이 시기 또는 주 왕실이 세 나라를 제후국으로 공인한 기원전 403년 이후를 춘추 전국 시대의 전국 시대라 부름.
- 기원전 221년 진秦나라, 중국 통일.
- 기원전 210년 진나라 시황제 죽음.
- 기원전 206년 진나라 멸망. 유방의 한漢나라와 항우의 초楚나라 대결.
- 기원전 202년 한나라, 중국 재통일.

중국 고대사 간단 연표.

와 순의 인간적 매력도 현대인의 감성에 맞지 않는다. 요와 순이 예능 프로그램에 출연해 노래하며 춤이라도 추면 모를까. 걸 그룹, 스마트폰, 게임기, 3D TV 같은 최첨단 상품 없이 요즈음 한국인의 관심을 끌기는 어렵다.

다만 그 이야기가 구전되고 기록되었던 시대의 역사적 상황을 따져 보면 요순시대를 이상 사회로 받아들였던 사람들의 심정을 조금이나마 이해할 수 있다. 사마천이 『사기』를 쓴 시기는 한나라 초기인 무제(기원전 141~기원전 87) 때였다. 그렇지만 요순 신화가 재창조되고 널리 퍼진 것은 춘추 전국 시대(기원전 770~기원전 221) 후반기였다.

전국 시대라고도 부르는 이 시기는 병사들이 몇만 명 정도 죽는

● 논어를 읽기 전

전쟁은 큰 전쟁 축에도 들지 못했다. 몇십만 명 정도 죽어야 '아, 전쟁이 크게 일어났구나' 하던 시대였다. 게다가 진시황이 중국을 통일한 뒤에는 대규모 토목 공사에 동원되어야 하는 폭압 정치가 찾아왔다. 진시황이 죽은 뒤엔 한나라 유방과 초나라 항우의 전쟁이 잇따랐다. 뒤이어 한나라가 섰지만 사마천이 살았던 당시까지도 북쪽 흉노와 벌이는 전쟁에 시달려야 했다.

요순시대는 그 당시 사람들이 꾸었던 꿈이었다. 전쟁과 폭압 정치가 없는 평화로운 시대를 바라던 꿈.

백성을 위로하고 죄인을 벌준 이는
주나라 무왕 발과 은나라 탕왕이라네

弔民伐罪 周發殷湯

— 弔民伐罪 周發殷湯 —
조 민 벌 죄 주 발 은 탕

弔 조상할 조: 조상은 사람이 죽은 집에 찾아가 슬픔을 나누고 위로하는 일이다. 民 백성 민
伐 칠 벌 罪 허물 죄 周 두루/나라 주 發 필 발: 여기서는 사람 이름으로 쓰였다. 殷 성할
/나라 은 湯 끓을 탕: 왕의 호칭으로 쓰였다.

주나라는 사라진 선진국

주나라와 상나라(은나라)는 요순시대보다 훨씬 후대에 성립된 나라였다. 사마천의 『사기』에 따르면 우임금이 죽자 그의 아들이 왕위를 세습하면서 하 왕조가 시작되었다. 이 하나라가 망한 뒤 상나라가 섰고 그 뒤를 주나라가 이었다.

주나라는 조선 시대 선비에게 선진국 대접을 받던 나라였다. 요즈음 각종 포럼이나 학술 대회, 공청회 등을 가 보면 정책을 발제하거나 토론할 때 선진국 사례를 드는 경우가 많다. 이때 미국, 일본, 독일, 프랑스, 핀란드, 스웨덴 같은 나라가 자주 언급된다. 그런데 조선 시대에는 주나라가 그런 선진국 모델이었다. 아득한 역사 속에 존재했던 사라진 선진국.

- 기원전 2000년 무렵　우 임금의 왕위가 그의 아들에게 세습되면서 하나라가 건국되었다고 함.
- 기원전 1600년 무렵　탕이 폭군 걸을 쳐서 하나라를 멸망시키고 상나라(은나라)를 세웠다고 함.
- 기원전 1046년　발이 폭군 주를 쳐서 상나라(은나라)를 멸망시키고 주나라를 세움.

중국 고대사 간단 연표.

이 때문에 『조선왕조실록』에는 정책을 논할 때 주나라 사례와 비교하는 기사가 꽤 자주 나온다. 대개 주나라 제도와 비슷해야 "딩동댕!"이라는 평가를 받았다. 다르면 "땡!" 하여 수용 불가였다. 신하들이 주나라를 다스렸던 문왕이나 주공처럼 살라고 왕에게 잔소리하는 장면도 심심찮게 나온다.

그렇다면 주나라의 어떤 점이 조선 선비들의 영혼을 사로잡았을까. 주나라가 잘살아서 닮고 싶었을까, 아름다운 여인이 많아 부러워했을까. 그게 아니라 주나라 제도와 문화, 사상이 지닌 정치적인 힘과 인간적인 면모 때문이었다.

주나라는 그 이전의 상나라에 비하면 군사력이 약한 나라였다. 그렇지만 여러 가지 제도를 통해 자기가 가진 힘 이상의 통치력을 발휘했다. 이를테면 주 왕실은 자신의 힘이 미치지 못하는 곳이라면 형제나 조카, 친척들에게 땅을 나누어 주어 그곳을 대신 통치하게 했다. 친척끼리 지니게 되는 인간적 결속력과 네트워크를 정치적 자산으로 활용하여 체제 안정도 도모하고 영토도 늘려 갔던 것이다.

봉건제라 부르는 이 제도로 인해 주나라는 대다수 왕조의 역사가 200~300년을 넘기지 못했던 중국 역사에서 보기 드물게 700여 년간을 유지할 수 있었다. 그 외 종법제, 관료제, 정전제 등 다양한 제도를 통해 전쟁에만 의존했던 거칠고 사나운 상나라보다 한 수준 높은 통치 체제를 구축할 수 있었다.

주나라는 또한 인간의 힘을 주술의 힘에 앞세운 나라였다. 상나라는 신이 최고 존재였다. 신의 뜻을 빈 주술과 점술이 사회 운영의

'해동건곤 존주대의'라 쓴 송시열의 글.
"조선의 하늘과 땅은 주나라 제도와 이념을 받든다."라는 뜻이다. 국립중앙박물관 소장.

기본 수단이었다. 그래서 많게는 1000명씩 사람 제물을 바치며 제사를 올렸다. 왕이나 귀족이 죽으면 그들의 신하나 노예를 수십 명, 수백 명씩 주인과 함께 순장했다.

　주나라는 사람 제물을 거의 쓰지 않았다. 순장의 규모나 횟수도 상나라에 비해 훨씬 줄어들었다. 주나라 지배층 역시 신을 믿었지만 그들의 신이 맛있는 술이나 사람 피를 좋아하기보다 사람의 올바른 생각과 행위를 좋아한다고 여겼기 때문이다. 현대적인 인권이나 민주주의 개념에야 비할 바 못 되지만 주나라 사회의 운영 원리는 상나라에 비하면 훨씬 인간적이었다.

옛날 일은 옛날 일일 뿐!

상나라를 정벌한 뒤 주나라가 정치적으로 아직 불안했을 때 이를 안정시키는 데 큰 공을 세운 인물이 주공 단이었다. 그는 상나라를 멸망시킨 무왕의 아우였다. 주공은 무왕이 어린 아들 성왕을 남기고 죽자 조카를 도와 섭정으로 나라를 다스렸다. 그러다 조카가 어른이 된 뒤 권력을 내놓고 물러났다. 성왕 지지 세력에 의해 강제로 밀려났다고 보기도 한다.

아무튼 처음 이 주공 이야기를 들었을 때였다. 나는 『조선왕조실록』의 단종이나 세조 편에서 주나라 이야기가 사라졌을 거라고 짐작했다. 세조 역시 주공과 비슷하게 조카를 왕으로 모셨던 처지였지만 주공과 달리 어린 조카인 단종의 왕위를 빼앗았기 때문이다.

하지만 단종, 세조 대에 주나라 관련 기사는 전혀 줄지 않았다. 이유가 있었다. 같은 주공 이야기이지만 세조 때 주공 기사는 세종이나 영조, 정조 같은 다른 임금 때의 그것과 기사 내용이 백팔십도 달랐다.

주공이 성왕 대신 나라를 다스릴 당시 좋은 일만 벌어지진 않았다. 가장 비극적 사건이 친형제인 관숙과 채숙이 일으킨 반란이었다. 주공은 이들을 죽이고 내침으로써 반란을 진압했다. 공교롭게도 세조 역시 단종의 왕위를 찬탈하는 과정에서 친동생인 안평 대군과 금성 대군의 반대에 부딪혔다. 세조 역시 이들을 모두 죽였다.

단종, 세조 대의 주공 관련 기사는 바로 안평 대군과 금성 대군을

● 논어를 읽기 전

죽이라는 신하들의 상소에 딸려서 등장했다. 성인으로 평가받는 주공조차 친형제를 죽여 나라를 안정시켰으니 세조 역시 그를 본받아 친동생들을 죽여야 한다는 논리였다. 물론 그 신하들은 논리적 일관성에 따라 처신하지 않았다. 위대한 주공이 권력을 내놓고 물러났으니 세조, 당신도 물러나쇼, 이런 상소는 한 번도 올리지 않았다.

키우고 길러 준 수고를
조심스럽게 생각해야지
어찌 함부로 몸을 망가뜨리고 다치는가

恭惟鞠養 豈敢毀傷

— 恭惟鞠養 豈敢毀傷 —
공 유 국 양 기 감 훼 상

恭 공손할 공 | 惟 오직/생각할 유 | 鞠 기를 국 | 養 기를 양 | 豈 어찌 기 | 敢 감히/굳셀 감
毀 헐 훼: 헐다는 깨뜨리다, 무너뜨리다, 짓무르다 들과 비슷한 뜻이다. | 傷 다칠 상

효는 어디서부터 시작될까

『효경』이란 책이 있다. 조선 선비들에게 추천 도서 목록을 작성하라고 한다면 10선까지는 몰라도 20선 안에는 들어가는 책이다. 여기에 앞의 천자문 구절의 원본이면서 여기저기서 자주 인용되는 유명한 공 선생(공자) 말씀이 나온다.

"몸뚱이나 머리카락이나 살갗까지 다 아빠 엄마에게 받았거든. 이를 함부로 망가뜨리거나 다치지 않는 것이 효의 시작이야(身體髮膚 受之父母 不敢毀傷孝之始也)."

이 말을 조선 시대에는 아주 엄격하게 해석했다. 머리털 한 움큼이라도 자르면 효가 아니라는 식이었다. 선조 임금은 이 말씀에 근거해 귀고리를 없애라는 명령을 내린 적도 있었다.

그런데 공자의 말을 너무 엄격하게 해석하면 요즈음 사람들은 효도의 히읗 자도 꺼내기 힘들다. 길거리를 돌아다니다 보면 머리를 짧게 자르고 귀고리나 쌍꺼풀 수술한 사람이 넘쳐 나는데 이들이 모두 효를 시작조차 할 수 없단 말이니까. 이런 편협함은 상투 틀고 비녀 꽂고 살았던 조선 시대에나 먹히는 논리이다.

그러나 글에 배인 정서와 마음에 주목해서 해석을 유연하게 하면 결론이 달라진다. 공자는 『논어』에서 효를 묻는 질문에 "아빠 엄마

는 오로지 자식이 병들까 근심하지(子曰 父母唯其疾之憂)." 하고 답한
적이 있었다. 부모에게 근심을 안기지 않는 것이 효라는 말이다.

이런 맥락에서 보면 몸을 망가뜨리거나 다치지 말아야 하는 이유
는 자식의 상처나 아픔이 부모를 고통스럽게 하기 때문이다. 더불
어 자식을 키우며 겪는 부모의 고생까지 헛되게 만들기 때문이다.

어린아이에게 부모란 커다란 존재이다. 자식의 눈높이로 보면 부
모는 아는 게 많고 힘도 세다. 부모는 모든 일에 능통한 전문가처럼
보인다. 그러나 아무리 인생 경험이 많은 어른이라도 부모 자식 관
계에 있어서만큼은 초보이다. 한 자식에게 부모는 부모 노릇 처음
이고 한 부모에게 자식은 자식 노릇 처음이기 때문이다.

그러니까 효는 부모와 자식이 서툴게 감정을 나누면서 소통하는
데서 생겨난다. 그 소통은 부모도 상처받고 고통받는 존재라는 것
을 아는 데서 시작된다. 유학의 창시자이자 스승이었던 공 선생은
이런 사실을 알고 있었을까. 아마 그랬을 것이다.

덕을 쌓아야 이름이 높아지고
몸매와 몸가짐을 바르게 해야
질서가 바로잡히지

德建名立 形端表正

— 德建名立 形端表正 —
덕건명립 형단표정

德 큰 덕: 덕의 사전적 의미는 크고 훌륭한 됨됨이나 성품이다. 建 세울 건 名 이름 명 立
설 립 形 모양 형 端 끝/바를 단 表 겉 표: 겉모습이란 뜻 외에 모범, 본보기란 뜻으로도
쓰인다. 正 바를 정

프랑스 장교와 도덕

도덕이라고 했을 때 샤코 모자 쓴 프랑스 장교를 떠올리는 사람이 있을까. 아마 있더라도 그 수가 매우 적을 것이다. 대신 갓 쓴 선비를 떠올리는 사람은 많을 것이다. 예절이나 규범을 조금만 어겨도 꼬장꼬장하게 따지려 들고, 도리에 어긋나는 일이라면 어명까지 거부하던 선비. 이런 선비 모습에서 도덕의 수호천사를 떠올리기란 그리 어려운 일이 아니다.

그런데 우리 일상을 규율하는 도덕 가운데 선비들이 실제로 지키고 살았던 관습이나 규범은 거의 남아 있지 않다. 예를 들어 요즈음 세상에 아무리 효심이 지극하다 할지라도 부모 무덤 옆에서 삼년상을 치르는 사람은 없다. 있다면 기인 대접 받으며 신문에 나거나 방송 탄다.

또 몸가짐이나 마음가짐을 바르게 한다고 도포 차려입고 갓 쓴 채 선비 스타일을 지키려는 사람도 거의 없다. 새로운 사람을 만날 때 양반이냐 상놈이냐, 서울 양반이냐 시골 양반이냐 이렇게 신분을 따져서 위아래 질서를 정하거나 만남 여부를 가늠하지도 않는다. 선비의 상식이었던 도덕적 행위 대부분은 이미 사라졌거나 본모습을 알기 어려울 정도로 바뀌었다.

샤코 모자를 쓴 프랑스 공화국 근위대의 보병 열병식.

반면에 프랑스 혁명(1789) 이후 나폴레옹의 군대가 퍼뜨렸던 가치관과 도덕은 오늘날에도 흔적이 남아 있는 경우가 많다. 예를 들어 국기에 대한 경례, 병역 거부자에 대한 비판 의식, 민족 문화에 대한 애정 같은 것들은 양반들이 지키려 애쓰던 도덕이 아니었다. 그것은 민족 국가 형성기에 국민 도덕의 일환으로 정립된 국민이 지켜야 했던 가치였다.

교복과 두발 규제, 생활 일람표를 통한 시간 통제, 아이를 같은 연령대로 편제한 학급 구성과 이를 통제하기 위한 담임제 들도 그 당시 프랑스 학교에서 학생들을 국민으로 양성하기 위해 정착된 교육 제도이자 규범이었다. 이런 제도에 기반한 도덕 행위나 관념은 나폴레옹이 국민 국가 이념을 법제화하고 국민 교육을 제도화함으로써 생겨났다.

우리 도덕 규범 가운데 상당 부분은 150년 전의 조선 선비보다는 200년 전의 프랑스 장교나 군인, 학생, 국민들이 지켰던 것들에 더 가깝다. 현재도 우리는 여전히 한 나라의 국민으로 살지만 선비로 살지는 않는다.

도덕, 도와 덕 또는 도의 덕

도덕을 도와 덕으로 나눴을 때 도를 이해하기란 쉽다. 도道는 길이다. 차나 사람이 왔다 갔다 하는 길이나 항해길, 비행길이다. 더 나아가 시간 속에서 펼쳐지는 인생길, 목표에 도달하는 수단이나 방법이 되는 길까지 다 아우르는 길이다.

동양 사상이나 윤리학, 사회학 등에서 정의하는 도의 개념도 길이 갖는 이런 지향성이나 반복성, 연결성 같은 풍부한 함의를 활용한 것이다. 인간 행위나 정치 조직의 올바른 진로, 만물 생성의 원리, 보편적 진리 등 이런 식으로 정의되는 도의 개념은 모두 길의 비유로써 충분히 이해할 수 있다.

반면에 덕德은 도처럼 뜻이 선명하지 않다. 도에 길이 대응하듯이 그렇게 대응하는 토박이말이 없기 때문이다. 그래도 억지로 찾아 붙이면 힘이다. 그냥 힘이 아니라 인간의 존귀함을 나타낼 수 있는 힘 또는 존귀한 행위나 관계에서 드러나는 힘.

이때 덕은 나아갈 길을 알지 못하면 획득하기 어렵다. 도를 깨치고 이를 반복해서 실천하는 이가 갖게 되는 힘이 덕이다. 그것은 무력, 폭력, 병력 같은 물리적 힘이 아니다. 마력, 괴력 같은 주술적 힘도 아니다. 매력이나 영향력, 협력, 능력 같은 인간적 힘으로 드러난다.

이렇게 보면 도덕을 묻는 일은 어떤 길을 어떻게, 어떤 힘에 의존해서 나아갈 것인지를 묻는 것이었다. 이 질문에는 삶의 길을 잃고 혼란에 빠진 상황에서 그를 헤쳐 갈 바른 길을 찾고자 했던 간절함이나 절실함이 배어 있었다.

그러므로 도덕을 찾는 질문과 그에 대한 답을 실천하면서 생겨난 도덕 규범은 구별해야 한다. 도덕은 삶의 매 순간 어려운 상황에 처할 때마다 새롭게 물을 필요가 있다. 도덕을 묻고 찾았던 시대 상황과 처지는 그때그때 변하기 마련이다.

부모 섬기던 대로 임금을 섬기니 오직
어김없이 따르고 공손하게 받들 뿐이네.
효도는 마땅히 그 힘을 다하고
충성은 목숨까지 바쳐야하리

資父事君 曰嚴與敬 孝當竭力 忠則盡命

— 資父事君 曰嚴與敬 孝當竭力 忠則盡命 —
자부사군 왈엄여경 효당갈력 충즉진명

資 밑천 자 | **父** 아비/아버지 부 | **事** 섬길/일 사 | **君** 임금 군 | **曰** 가로되/말할 왈 | **嚴** 엄할
엄 | **與** 더불/줄 여 | **敬** 공경 경 : 공경은 사람을 공손하게 높이고 모시는 것이다. | **孝** 효도 효
當 마땅 당 | **竭** 다할 갈 | **力** 힘 력 | **忠** 충성 충 | **則** 곧 즉/법칙 칙 | **盡** 다할 진 | **命** 목숨/
명령 명

인간적인 효의 길

효孝는 그에 해당하는 토박이말이 없는 한자어이다. 태양은 해로, 인간은 사람으로, 지구는 땅별 같은 말로 바꿔 쓸 수 있지만 효는 그런 말을 찾기 어렵다. 왜일까? 외래어인 피자, 컴퓨터, 아이폰이 외국의 발명품이듯이 효가 중국의 발명품이었기 때문이다.

그렇다고 원래부터 이 땅에 효라고 불릴 만한 행위나 마음가짐이 없었다는 뜻은 아니다. 이 땅에 살았던 우리 조상들 역시 다른 지역 사람들만큼 자기 부모를 존경하고 사랑했을 것이다. 옛날 중국인이 한반도에 살았던 우리 조상들보다 부모를 더 잘 섬겼다는 증거는 없다.

그러나 효는 단지 부모에 대한 사랑과 존경의 감정만을 가리키지 않는다. 그것은 부모 섬기는 제도와 관습, 이념, 감정, 행위를 모두 아우르는 개념이었다. 이런 효의 문화는 이 땅에서 저절로 생겨나지 않았다. 대부분 중국에서 들여와 정착되었다.

예를 들어 조선 시대에 웬만한 선비 집안이라면 집 한편에 아버지, 할아버지 사당을 갖추고 살았다. 효자 선비들은 아침저녁으로 사당에 나아가 문안 인사를 올렸다. 그런데 이런 가묘제家廟制는 중국 송나라 예법에 기반한 제도였다. 부모가 죽었을 때 삼년상을 엄격하게 치르는 풍습이나 부모 모시는 책임과 권리를 맏이에게 몰아주는 관습 역시 중국 주나라까지 그 기원이 올라가는 송나라 전통을 따른 것이었다.

중국에서 이런 효의 제도는 백성으로 하여금 임금에게 충성을 바치도록 하는 주요 방법 가운데 하나였다. 임금과 신하 사이의 위계질서와 예법을 가족 내 아버지와 자식 관계에 강요하고 이를 제도화함으로써 효孝를 실천하면서 충忠을 배우도록 한 것이다. 이는 나라와 사회의 위계질서를 농업을 기반으로 한 대가족 내에서 끊임없이 재생산하는 꽤 효율적이고 생명력이 긴 장치였다.

이 때문에 효의 제도는 동아시아에 서구 문명이 수입된 뒤에도 사그라들기보다 더 강화되었다. 특히 일본의 근대 정치가들은 효의 제도와 관습을 천황제 국가의 통치 이데올로기와 결합시켰다. 천황을 국가와 일체화시켜 자신의 어버이처럼 숭상하게 함으로써 효에서 전통적인 의미의 충성심뿐 아니라 국가에 대한 애국심까지 이끌어 내려고 했다. 이렇게 애국심과 연결된 효의 이념은 일제 강점기를 거치면서 우리나라의 교육이나 정치, 사회 제도에도 깊은 흔적을 남겼다.

그러니까 오늘날 효에서 고리타분하고 퀴퀴한 냄새가 난다면 그것은 부모에 대한 존경과 사랑이 철 지난 유행이 되어 버렸기 때문이 아니다. 효 안에 깃든 전통적이고 낡은 충성의 이데올로기가 남긴 얼룩 탓이다.

그렇다면 효를 앞으로 어떤 방향으로 키워 나갈까 하는 문제의 답도 분명해진다. 현대 사회에서 가치 있는 효란 효 위에 과도하게 얹힌 정치나 이념의 때를 걷어 버리고 부모 자식 간 인간적 정서와 감정에서 출발하는 것이다. 충은 효에서 나오지 않는다. 효는 효이고 충은 충이다.

어질고 따뜻하게 대하고
가엽고 불쌍하게 여기는 마음가짐은
아무리 급하고 바쁘더라도 잃지 말아야하니

仁慈隱惻 造次弗離

— 仁慈隱惻 造次弗離 —
인자은측 조차불리

仁 어질 인　**慈** 사랑 자　**隱** 숨길/가엽게 여길 은　**惻** 슬플 측　**造** 지을 조　**次** 버금 차　**弗**
아닐/말 불　**離** 떠날 리 ● 인자仁慈: 너그럽고 따뜻함. ● 은측隱惻: 측은함. 가엽고 불쌍함.
● 조차造次: 잠시, 잠시간, 아주 급한 때.

잊힌 글자 '어질 인仁'

"나는 정말 큰 죄인이다. 다른 죄가 아니라 어질고 약한 한국 사람으로 태어난 죄이다." 유학 이념의 핵심이었던 '인仁'의 쇠락을 이 탄식만큼 잘 드러낸 말이 또 있을까. 이 구절은 이토 히로부미를 죽인 안중근 의사가 사형 선고를 받은 뒤 감옥에서 남긴 글 가운데 한 대목이다.

안중근은 이해할 수 없었다. 남의 나라인 조선 궁궐에 난입해 황후를 칼로 난자한 일본인 미우라 고로三浦梧樓는 무죄로 풀려났다. 그런데 침략자의 우두머리를 처단한 자신이 어찌해서 사형을 당해야 하는가. 번민하던 그가 스스로를 납득시킨 이유가 바로 '어질고 약한 한국 사람'이란 깨달음이었다.

'어질다'는 너그럽고 따뜻하다, 인정 많다는 뜻이다. 또 지혜롭다는 의미도 있다. 조선 시대 선비들은 오늘날 정치권에서 민주나 자유, 진보, 국민이란 말을 읊어 대는 것처럼 이 말을 입과 붓에 달고 살았다. 기회만 있으면 어진 정치를 하라고 임금을 들볶았다. 관리가 조금만 잘못해도 어질지 못하다는 말로써 공격했다.

그들은 어진 정치나 행위를 인간 사회의 여러 특성 가운데 하나로 한정 짓지 않았다. 사람을 고귀하게 만드는 인간관계의 근본 이념으로 보았다. 어진 마음씨나 행위로 조율되는 인간관계가 곧 선비들의 이상이었다.

그래서 진중한 선비라면 인간에 대한 너그러움과 연민이 서로 얽혀 있는 삶을 최고로 쳤다. 물론 그 이상이 신분제 계급 사회였던 조선 현실에서 제대로 실현되었다고 보기는 어렵다. 어진 삶은 대개 지배층인 선비들 사이에서 끼리끼리 통용되었다. 그도 아니면 아랫사람이 순종적일 때만 작동하는 가치로 변질되었다. 이념은 그저 이념일 뿐이었다.

그렇지만 어찌 되었건 '인仁'은 정치라는 공적 영역뿐 아니라 선비의 일상에서 늘 살아 숨 쉬던 단어였다. 그러나 지금은 백팔십도 달라졌다. 오늘날 '인'은 공적 영역이건 사적 영역이건, 이상이건 현실이건 간에 삶에서 언급조차 되지 않는다. 이는 '인'처럼 중요한 유학 이념이었던 '의義'(옳을 의)나 '예禮'(예의 례) 같은 덕목과 비교해도 차이가 두드러진다.

의나 예의 이념을 담고 있는 의리, 의무, 정의, 신의 같은 말이나 예의, 예배, 예식, 경례, 실례 같은 말은 요즈음에도 자주 쓰이면서 인간관계에 영향을 끼친다. 하지만 '인'이 들어가면서 그렇게 대중들 입에 붙어 다니는 단어는 없다. 기껏해야 의학을 뜻하는 인술 정도나 남아 있을까. 그 쇠락의 정도는 '의'나 '예'에 비하면 무척이나 극적이다. 어떤 이유에서였을까.

안중근의 한탄은 그 해답의 단초를 알려 준다. 어진 게 정말 죄였다면 그 가치는 벌을 받아 사그라져야 마땅하지 않았겠는가. 안중근

서울의 동대문이었던 흥인지문興仁之門. '인仁을 일으켜 퍼뜨리는 문'이란 뜻이다.
인의 흔적은 이처럼 옛 유적과 유물에서나 찾아볼 수 있다.

의 말은 기독교의 속죄와 구원 관념이 배어 있는 말이었다. 그는 하
느님과 예수를 믿는 천주교 신자답게 어진 게 죄라는 말로써 죽는
순간까지 절망이 아니라 희망과 부활을 말했다. 하지만 종교를 믿지
않는 사람에게 그 한탄은 아직까지도 그대로 고통이고 서늘함이다.

인仁의 어려움

인仁은 쉽고도 어려운 개념이다. 유학에서 인은 두 층위에 걸친 개
념이었다. 한 층위에서 인은 용기나 의리, 예의, 공정, 신뢰처럼 인

간이 지녀야 할 여러 덕목 가운데 하나였다. 이때 인은 너그러움이
나 연민, 동정, 배려, 따뜻함, 박애, 인정 같은 가치를 나타낸다.

또 한 층위에서 인은 인간을 인간답게 만드는 근본 특성이었다.
이 경우 인은 너그러움뿐 아니라 의리나 예의 같은 다른 덕목까지
하나로 꿰고 조율하는 보편적인 원리로 작동한다. 인간성, 사람다
움, 인간, 인심 같은 단어가 이 층위의 인과 통하는 말이다.

너그러움이나 동정 따위로 드러나는 인은 이해하기가 쉽다. 그것
은 언제든 우리 일상 속의 행위나 태도, 감정과 연결지을 수 있다.
그러나 사람다움을 지칭하는 인은 쉽지 않다. 길이 막힌 곳에선 지
혜가 사람다움이고 전쟁할 땐 용기가 사람다움이고 장사할 땐 신용
이 사람다움일 수 있기 때문이다. 그때그때 특정한 상황마다 인을
구성하는 내용과 방향이 달라질 수밖에 없다.

이때의 인은 짊어진 의미가 중첩되어 어깨가 무거운 단어가 된다.
주어진 조건에서 인간다운 길이 무엇인지 세심하게 판단해야 하므
로 인을 알기 위해선 깊은 숙고와 훈련된 균형 감각이 필요하다. 판
단도 어렵고 실천도 어려워진다.

안중근의 삶은 그 실천의 어려움을 보여 주는 예이다. 그가 일본
의 대한제국 침탈에 반대한 이유는 한국인의 안위만 염려했기 때문
이 아니었다. 한중일 삼국이 갈등과 대결, 전쟁으로 치달을 때 궁극
에 가서 일본인까지 불행해질 것이 너무나 확연했기 때문이다. 그
걱정은 안중근이 사형당한 지 45년 뒤에야 핵폭탄의 투하와 일본의
패전으로 확증되었다.

● 논어를 읽기 전

평화로운 시기에 인을 지키기란 어쩌면 쉬운 일일지 모른다. 하지만 전쟁의 시대, 폭력과 대결이 판치는 세상에서 인을 지키기는 무척 어렵고 힘든 일이다. 인仁의 어려움은 개념의 다층성에만 있는 것이 아니었다.

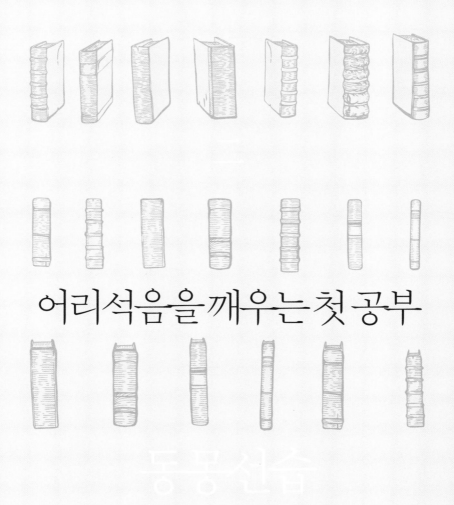

어리석음을 깨우는 첫 공부

동풍신술

동몽선습에서 '동몽童蒙'은 여덟 살에서 열다섯 살 사이, 오늘날 초중등생 나이에 해당하는 아이를 가리킨다. '선습先習'은 앞서 배운다는 뜻이고. 그러니까 동몽선습은 천자문을 뗀 아이가 『논어』나 『대학』 같은 유학 경전을 본격적으로 공부하기에 앞서 맛보기 차원에서 배우는 책이었다.

16세기 중반 중종 때에 박세무(1487~1564)가 아동용 교재로 간행했다고 하는데 선조 초에 세자 교육용 교재로 채택되면서 주목받기 시작했다. 뒤이어 영조가 그 내용을 높이 평가하면서 조선 후기 들어 천자문에 버금가는 인기 학습 교재로 떠올랐다.

일제 강점기에 들어서도 동몽선습의 인기는 사그라지지 않았다. 비슷한 단계의 책 가운데 동몽선습처럼 단군 시대부터 조선에 이르는 자국의 역사를 다룬 책이 없었기 때문이다. 그 내용이 일제에 대한 저항 의식과 맞물리자 조선 총독부가 이를 불온시해 동몽선습을 서당 교재에서 제외시키기도 했다. 이런 조치가 동몽선습의 확산을 더욱 촉진시켰다.

동몽선습의 내용은 크게 두 부분으로 나뉜다. 앞부분에서는 인륜의 원칙을 다섯 가지로 나누어 설명했고 뒷부분인 총설에서는 유학의 기본 원리와 더불어 중국과 조선의 역사를 다루었다.

동몽선습의 매력은 유학의 가르침을 인간관계를 규율하는 몇 가지 원칙으로 과감하게 요약한 데에 있다. 앞부분은 그 장점이 잘 드러난 곳이다. 사람 관계에서 지켜야 할 도리를 아버지와 아들, 임금과 신하, 남편과 아내, 어른과 아이, 친구 사이로 나누어 요약한 뒤 삶의 의미와 가치가 먼 데 있지 않고 이 원칙을 지키는 데 있다는 점을 강조했다.

뒷부분은 앞의 다섯 가지 원칙의 근본을 효 하나로 요약한 뒤 중국 왕조와 조선 왕조의 역사를 서술했다. 중국 역사는 실체가 불분명한 신화 시대에서 시작해 주나라, 춘추 전국 시대, 진나라, 한나라를 거쳐 오호 십육국, 수, 당, 송, 원, 명나라까지를 다루었다.

조선 역사는 단군 신화에서 시작해 신라, 백제, 고구려, 고려를 거쳐 조선에 이르기까지를 나열했다. 분량이 적기 때문에 상세하게 그 내용을 전달한 것은 아니었다. 나라마다 한두 단락으로 간략하게 왕조의 흐름만 짚었다.

동몽선습은 유학의 기본적인 가르침을 이론과 역사 두 측면에서 요약한 학습서이다. 적절한 구어체 번역과 비판적 해설만 첨부한다면 요즈음 아이들에게 유학 입문서로 가르쳐도 괜찮을 정도로 구성과 내용이 깔끔하다. 여기서는 유학의 기초 지식과 관련된 몇 가지 구절만 뽑아 보았다.

하늘과 땅 사이 만물 가운데 사람이 제일
소중하고 귀해. 사람은 사람으로서
지켜야 할 다섯 가지 윤리를 갖추고 살거든

天地之間萬物之衆 惟人最貴
所貴乎人者 以其有五倫也

— 天地之間萬物之衆 惟人最貴 所貴乎人者 以其有五倫也 —
천지지간만물지중 유인최귀 소귀호인자 이기유오륜야

之 갈/~의 지　間 사이 간　萬 일만 만　物 것/만물 물　衆 무리 중　人 사람 인　最 가장 최
貴 귀할 귀　所 바/것 소　乎 ~에(서)/~에게 호　者 ~한 것/사람 자　以 ~로(써)/~ 때문
이　其 그 기　五 다섯 오　倫 인륜 륜: 인륜은 사람이 지켜야 할 윤리를 가리킨다. 사람이 마땅
히 따라야 할 원칙이나 질서, 방법 또는 몸가짐을 뜻한다.　也 어조사/~이다 야

사람은 동물과 같은가, 다른가

18세기 초였다. 서울 일대와 충청도 지역에 살았던 선비 사이에 인간의 본성 또는 성질 문제를 두고 흥미로운 논쟁이 벌어진다. 서울 일대를 뜻하는 낙하洛下와 충청도 지역을 뜻하는 호서湖西의 앞 글자를 따서 낙호 논쟁(호락 논쟁)이라고도 하고, 인간과 동물의 본성이 같은지 다른지를 논했다 해서 인물성동이론人物性同異論*이라고도 부르는 논쟁이었다.

이 논쟁에서 그 당시 충청 지역 선비들은 인간과 동물의 본성을 차원이 전혀 다른 성질로 파악했다. 그들은 동물도 인간처럼 지각이 있어서 보고 듣고 냄새 맡고 느낄 줄 알지만 동물에게는 도덕이나 윤리에 대한 감수성이 없다고 보았다.

그래서 동물은 인간처럼 타인을 동정하거나 배려할 줄 모르고, 의리를 찾아 헌신하거나 예의를 지키지 못한다는 것이다. 지혜롭지 않은 것도 그 때문이다. 인의예지仁義禮智로 요약되는 이 특성은 인

---

* 物物은 엄밀히 말해 인간이 아닌 사물 전체를 지칭한다. 즉 인간을 제외한 동물, 식물, 무생물을 다 포함한다. 다만 유학자들의 관념 속에서 동물과 무생물 사이의 결정적 단층이 존재하지 않았다. 무생물도 어느 정도 동물적이었다. 논쟁의 진행 과정에서 나오는 예도 주로 동물에 한정되어 있었다. 그래서 여기서는 동물이 物物을 대표하는 것으로 다루었다.

간만이 지닌 고귀한 속성이다. 그러므로 인간이야말로 만물 가운데 가장 귀하다. 이것이 충청 지역 선비들 생각이었다.

그러나 서울 경기 지역 선비들은 의견이 달랐다. 그들은 인간과 동물의 본성이 근본에서 같다고 보았다. 인간과 동물의 겉모습이나 습성이 엄연히 다른 것은 사실이다. 하지만 그 차이는 기질에서 나타나는 수준과 정도의 차이일 뿐 본성의 차이가 아니라는 것이다. 다시 말해 동물도 인간처럼 도덕과 윤리에 대한 감수성을 지니고 있다. 다만 그 성질이 한쪽에 치우치거나 막혀 있어서 온전하지 못할 뿐이다.

예를 들어 개미는 여왕개미를 중심으로 각자 맡은 일에 따라 군집 생활을 한다. 이를 서울 경기 선비들은 개미가 의리를 지키며 공동의 대의에 헌신할 줄 아는 증거라 여겼다. 또 늑대들은 싸움을 해도 위협하다 멈출 뿐 서로를 죽이는 경우가 거의 없다. 이 역시 늑대가 지닌 연민과 어진 심성 즉 인仁을 보여 주는 예였다. 이에 따르면 동물과 인간 사이에 근본적인 차이란 없고 기질적 차이만 존재한다. 인간이 귀한 만큼 동물도 그러하다.

이처럼 공자의 가르침을 함께 따르는 유학자였음에도 불구하고 그들이 내보인 인간관은 백팔십도 달랐다. 더구나 낙호 논쟁은 이이에서 송시열, 권상하로 이어져 온 노론이라는 같은 당파 내지는 학맥 내부에서 시작된 토론이었다.

논쟁은 주로 권상하를 포함해 그의 제자들 사이에서 벌어졌지만 한두 다리 건너 아는 사이라 해서 논점이 무뎌지진 않았다. 조선 시대 선비들의 가치관은 현대의 민주 사회만큼이야 아니지만 군국주의나 파시즘, 신정 사회보다 훨씬 다양했다.

사람은 동물

인물성동이 논쟁에서 승자는 어느 쪽이었을까? 인간과 동물의 차별을 강조한 충청도 선비(호학파)들이었을까, 동질성을 중요시한 서울 경기 선비(낙학파)들이었을까? 논리적 타당성을 따지지 않고 어느 쪽이 더 인기를 끌고 큰 세력을 이루었는가 하는 점만 기준으로 삼으면 단연 충청 지역 선비들의 압승이었다.

그들의 주장은 양반 사대부들의 자존감을 세우는 데서 서울 선비들의 주장보다 유리했다. 자신들이 높은 자리에서 특권을 누리는 것은 고귀한 인간성을 갖춘 덕이므로 당연하다는 논리와 통했기 때문이다.

그들은 밖으로는 조선을 침략했던 청나라, 안으로는 노비와 상인 같은 하층민을 짐승 무리 또는 그에 가까운 무리로 규정했다. 이를 통해 당시 사람들이 청나라에게 품고 있던 분노와 울분에 호소해 지지 기반을 확장했다. 더불어 자신의 특권적 지위까지 합리화했다.

이에 반해 서울 선비들 주장은 양반보다는 중인이나 상인, 농민들, 그리고 양반이라도 서자나 지방 양반들에게 먹히는 주장이었다. 짐승에게도 인간과 같은 본성이 있다는 생각이 짐승처럼 신분

● 논어를 읽기 전

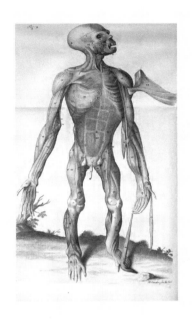

에드워드 타이슨의 침팬지 해부도.

과 지위가 낮은 계급의 인간적인 가치에 주목하도록 했기 때문이다. 그러나 그들은 정치 사상적으로 존중받는 집단이 되기에는 아직 세가 부족했다.

그런데 인물성동이 논쟁의 지역 범위를 유럽까지 확장해서 생각하면 양상이 달라진다. 서울 선비를 포함해 인간과 동물의 본성이 같다는 쪽 세력이 늘어나고 위세가 훨씬 당당해진다. 조선과 똑같은 구도로 전개되진 않았지만, 조선에서 인물성동이 논쟁이 벌어졌던 시기는 유럽에서도 인간과 동물에 대한 관념이 획기적으로 변화

하던 시대였다.

특히나 인물성동이 논쟁이 벌어지기 10여 년 전인 1698년, 영국의 내과 의사였던 에드워드 타이슨Edward Tyson은 침팬지 해부를 통해 인간과 동물 사이에 근본적 차이가 있다는 관념을 흔들어 놓았다. 인간만이 갖고 있다고 믿었던 해부학적 특징을 침팬지도 갖고 있었기 때문이다.

겉은 달랐지만 침팬지의 속은 인간과 매우 흡사했다. 이는 인간과 동물의 본성이 같다는 쪽에 힘을 실어 주는 증거였다. 인간은 다른 동물에 비해 잘나가는 존재이긴 했지만 그렇다고 동물을 초월한 존재는 아니었다. 인간은 동물이었다.

● 논어를 읽기 전

그래서 맹 선생이 말씀하셨어. 아빠와 아들은
친하게 지내고, 임금과 신하는 정의를 나누며,
남편과 아내는 각자 다름을 존중하고, 어른과
아이는 정해진 질서를 따르고, 친구끼리는
서로를 끝까지 지킨다고. 사람으로서 이 다섯
가지 원칙을 모른다면 짐승과 뭐가 다르겠어

是故孟子曰 父子有親 君臣有義
夫婦有別 長幼有序 朋友有信
人而不知有五常 則其違禽獸不遠矣

一 是故孟子曰 父子有親 君臣有義 夫婦有別 長幼有序 朋友有信
시고맹자왈 부자유친 군신유의 부부유별 장유유서 붕우유신
人而不知有五常 則其違禽獸不遠矣 一
인 이 부지유오 상 즉기 위금수불원 의

是 이 시 故 연고 고: 연고는 까닭이나 이유이다. 孟 맏/성 맹 子 아들 자: 고대 중국에서 지
위가 높은 이 또는 스승에 대한 경칭으로도 쓰였다. 親 친할 친 臣 신하 신 義 옳을 의: 정의
나 의리 夫 지아비/남편 부 婦 지어미/아내 부 別 다를 별 長 긴/어른 장 幼 어릴 유
序 차례 서 朋 벗/친구 붕 友 벗/친구 우 信 믿을 신 而 말이을/~로서/~하고 이 不 아
닐 불/부 知 알 지 常 떳떳할/항상 상: 삶 속에서 항상 따르거나 간직해야 할 그 무엇이다.
違 어길/다를 위 禽 새/날짐승 금 獸 짐승 수 遠 멀 원 矣 어조사/~구나/~인가 의

사람의 길

유학의 가르침은 하나 마나 큰 차이 없는 상투적인 덕담처럼 느껴질 때가 많다. 이유야 뻔하다. 유학의 교리가 이미 시대에 뒤떨어지고 낡은 탓이 제일 크다. 과거에 유학이 설득력을 지녔을 때의 상황과 조건을 구체적으로 상상하기 어렵다는 점도 이유라면 이유이다.

아빠와 아들은 친하게 지낸다 또는 지내야 한다는 맹 선생(맹자) 말씀만 해도 그렇다. 이 말을 오늘날 핵가족을 대상으로 충고랍시고 던진다면 하나 마나 한 소리이다. 아빠와 아들이 이미 친한 경우엔 동어 반복이다. 친하지 않다면 진단과 대책이 없는 공허한 말이다. 그렇지만 맹자가 살았던 춘추 전국 시대의 상황을 생각하면 의미의 맥락과 강도가 달라진다.

중국에서 춘추 전국 시대는 주周나라 왕실이 낙양으로 도읍을 옮긴 기원전 770년부터 진秦나라가 중국을 통일한 기원전 221년까지 대략 550년에 걸친 기간을 가리킨다. 이 시기는 봉건제 하에서 주 왕실을 받들던 100여 개가 넘던 제후국들이 중앙 집권적인 하나의 국가로 통일되어 가던 대격변의 시기였다.

종래의 신분 질서가 붕괴되고 지배층 사이에 권력 다툼이 치열하게 벌어질 수밖에 없었는데, 그 갈등이 아빠와 아들 사이라고 비껴

가지 않았다. 제齊나라 양공은 아들 팽생을 자객으로 이용한 뒤 죄명을 씌워 죽였다. 진晉나라 헌공과 아들 이오는 전쟁을 벌였다. 채蔡나라 영공은 아버지를 죽이고 권력을 잡았다. 왕위나 권력을 위해서라면 아빠가 아들을, 아들이 아빠를 죽이는 일이 빈번하게 일어났다.

이런 상황에서 부자지간의 도리를 정립하는 일은 가족 문제인 동시에 정치 문제였다. 오늘날 재벌의 가족 문제가 그들 회사의 경영 문제인 것처럼. 맹자에게 이 문제를 푸는 원칙은 분명했다. 그에게 부자지간의 문제는 옳고 그름을 따져서 한쪽을 편들 수 있는 문제가 아니었다. 아무리 옳은 정치적 가치나 비전일지라도 그 목적을 위해 자신의 아빠나 아들을 죽이는 순간 바로 정당성을 잃기 때문이다.

따라서 부자지간의 문제는 부자지간에 연민과 동정, 너그러움을 키워서 죽고 죽이는 극단적 갈등 상황이 발생하지 않도록 막는 방법이 최선이었다. 만일 예방을 못 했다면 아빠 또는 아들이냐, 아니면 권력이냐 하는 갈등의 순간에 권력을 포기할 수 있도록 평소에 꾸준히 수양하고 훈련해야만 했다. 이것이 친함에 내포된 인仁의 원칙이었다. 이 원칙을 어기는 순간 사람은 사람의 길을 벗어나 인간 이하의 길로 들어서게 된다.

맹 선생은 누구?

맹 선생 즉 맹자는 유학자들이 공자, 주자와 함께 '자子'라는 존칭을 붙여 받들던 유학의 대표적 스승 가운데 하나이다. 공자가 유학을 정립했다면 맹자는 공자의 학설을 실천적 측면에서 구체화시켰다고 평가받는다.

그는 기원전 372년경 공자가 살던 노나라 이웃 동네 추나라에서 태어났다. 성은 맹盟씨고 이름은 가軻였다. 공자 제자 가운데서도 예禮의 형식과 실천을 중시한 증자 계열 문하에서 학문을 배웠다.

맹자가 살았던 춘추 전국 시대 후반기인 전국 시대는 중국이 일곱 개의 강대국 위주로 질서가 재편되고 전쟁이 격화되던 시대였다. 전쟁과 내전의 횟수는 일 년에 두세 차례씩 벌어졌던 전반기(춘추 시대)에 비해 반으로 줄어들었다. 그러나 전쟁의 양상이 변했다. 규모가 훨씬 커지고 잔혹해졌다. 한 번에 병력을 20만~30만 명씩 동원하는 전쟁이 흔해졌고, 말기에 이르러선 100만 명의 병력 동원에 30만~40만 명을 단번에 죽이는 전쟁까지 벌어졌다. 이는 그 당시에 전 세계적으로도 전례가 없는 일이었다.

이 때문에 극단적인 두 학설이 당시 사람들에게 큰 인기를 끌었다. 하나는 위아爲我 즉 오직 자기 자신만을 위하라고 주장한 양자(양주)의 학설이었다. 또 하나는 겸애兼愛로서 모든 사람을 사랑하자는 묵자(묵적)의 학설이었다. 전자가 이기주의를 내세워 도피와 은거를 부추겼다면 후자는 이타주의로서 세력 강한 집단이나 종교

맹자(기원전 372~기원전 289).

단체에 의탁하려는 심리를 확산시켰다.

맹자는 맹렬하게 이 두 학설을 반대했다. 그는 가족과 친척에 대한 연민이나 애정이 생판 남에 대한 연민이나 애정보다 더 클 수밖에 없다고 보았다. 그래서 적절한 이기주의 또는 적절한 이타주의라 할 수 있는 인의仁義의 원칙을 강조했다. 가족이나 친척 관계를 규율하는 너그러움, 따뜻함, 동정 같은 가치를 순차적으로 타인에게로 확산시켜 나감으로써 사람들 사이에 의로움 또는 정의를 달성할 수 있다고 본 것이다.

지은 책으로는 자신의 뜻이 당대의 군주들에게 받아들여지지 않자 고향에 은거해서 제자와 함께 썼다는 『맹자』가 있다. 이 책은 제자들(만장, 공손축)이 맹자의 어록을 모아 지었다고도 한다.

태극이 움직여 갈리면서 비로소
음양이 나뉘고 오행이 생겨났거든.
이런 이치에 따라 태초의 기운이 흩어지고
모이면서 온갖 사람과 사물이 탄생했어.
울창한 숲처럼 총총하게…

蓋自太極肇判 陰陽始分 五行相生
先有理氣 人物之生 林林總總

— 蓋自太極肇判 陰陽始分 五行相生 先有理氣 人物之生 林林總總 —
개자태극조판 음양시분 오행상생 선유이기 인물지생 임림총총

蓋 덮을/대개 개 自 스스로/~로부터 자 太 클 태 極 다할/끝 극 肇 시작될 조 判 판단할/가를 판 陰 그늘 음 陽 볕 양 始 처음 시 分 나눌 분 行 다닐 행 相 서로 상 生 날생 先 먼저 선 理 다스릴/이치/결 리 氣 기운 기 林 수풀 림 總 다 총 ●이기理氣: 이와기. 이理의 사전적 의미는 세상 또는 세상일이 드러내는 속내나 뜻, 바탕이나 결이다. 이론, 이유, 이치, 원리, 도리, 물리 들에 뜻이 배어 있는 성리학의 중요 개념이다. 기氣는 어떤 것을 살게 하거나 움직이게 하는 힘 또는 기운이다. ●총총總總: 많거나 어지러운 모습을 나타낸다.

음양오행설 비판

고대 그리스 철학자 데모크리토스의 원자론은 그 내용이 틀렸다고 판명됨으로써 오히려 더 유명해졌다. 흔하지 않은 사례이다. 데모크리토스는 이 세상이 더 이상 쪼개지지 않는 미세한 알갱이인 원자로 이루어졌다고 주장했다. 텅 빈 공간 속에 무수하게 널려 있는 원자들이 충돌하고 결합하고 분리됨으로써 모든 물질의 생성과 변화가 일어난다고 본 것이다.

이 주장은 기독교의 창조론이 득세하던 유럽 중세 시대에는 인기를 끌지 못했다. '하느님이 창조하고 주재하는 세상'이란 관점에서 보자면 '좌충우돌하며 저절로 굴러가는 원자들 세상'이란 불순한 의도를 지닌 미신일 뿐이었다.

그러나 1897년 영국의 물리학자 톰슨이 원자 속에서 전자를 발견하고 1919년 역시 영국의 물리학자인 러더퍼드가 질소 원자를 쪼개서 수소와 산소 원자를 생성시키는 실험에 성공함으로써 데모크리토스의 원자론은 이전보다 유명해졌다. 원자가 쪼개지지 않는다는 기본 전제는 잘못된 것으로 드러났다. 그러나 모든 사물을 적당한 수의 미립자와 그것의 결합으로 환원시키고자 했던 관점의 유용성이 인정받았기 때문이다. 이후 원자론은 철학사나 과학사에서 확고한 위치를 점하게 되었다.

고대 중국에서 데모크리토스의 원자론과 비슷한 역할을 한 학설이 음양오행설이었다. 음양오행설은 만물의 생성과 변화를 음양陰陽의 조화와 오행五行이라는 다섯 가지 특성으로써 설명한다. 이때 음과 양의 짝은 땅과 하늘, 어두움과 밝음, 여자와 남자, 추위와 더위, 정지와 운동, 뒤와 앞 따위에 대응했다. 오행은 불, 물, 흙, 쇠, 나무의 속성과 연결되었다.

전통 사회에서 음양오행설은 천지 창조와 같은 신화에서부터 생명체의 탄생과 죽음, 자연계의 순환, 왕조의 교체, 우주의 질서, 놀이와 풍습의 절차, 남녀의 역할 차이 등 인간 사회와 연관된 거의 모든 문제에 해답을 주었다.

이를테면 누군가 '해는 어떻게 만들어졌어요?' 이렇게 물었다 치자. 음양오행설은 하늘에 떠 있는 순수한 양의 기운이 응집되어서 태양太陽 즉 해가 생성되었다는 답을 들려준다. 순수한 음의 기운이 모이면 태음太陰 즉 달이 된다. 또 음양의 기운이 어울려 오행으로 분화되면 오행성인 불별(화성), 물별(수성), 나무별(목성), 쇠별(금성), 흙별(토성)이 생겨난다.

보리가 어떻게 자라는가? 이런 질문에도 음양오행설은 막힘이 없었다. 양인 하늘의 기운과 음인 땅의 기운을 빨아들여 자란다는 답이 나온다. 그래서 보리를 잘 키우려면 땅의 기운과 하늘의 기운이 조화를 이루도록 해야 했다.

삶의 문제를 질병에 비유한다면 음양오행설은 만병통치약 같은 학설이었다. 그런데 바로 이 점이 문제였다. 데모크리토스의 원자론은 기본 전제를 부정당하면서 오히려 역사적 가치를 인정받았다. 그러나 음양오행설은 원자론이 겪었던 근본적인 부정과 비판 과정을 경험하지 못했다.

청나라의 왕부지王夫之나 조선의 정약용, 최한기 같은 학자가 음양오행설을 비판하긴 했다. 그러나 음양과 오행의 개념이 고대 문헌의 내용과 다르다는 식의 문헌적 비판에 그쳤다. 실험이나 경험, 이론적 근거로써 세밀하게 비판한 적은 드물었다.

이 때문에 음양오행설은 현재에도 한의학, 동양 철학, 민속이나 전통 풍습, 풍수지리, 요리 등의 일부 분야에서 여전히 권위를 지닌 채 상식처럼 작동한다. 반대로 현대 의학이나 현대 철학, 과학, 정치 등에서 음양오행설은 미신이다. 우리는 한때 한글 창제에도 영감을 주었던 음양오행설이 어떤 조건에서 어느 정도의 타당성을 갖는지, 어떤 상황에서 미신으로 전락하는지를 잘 모른다.

태극기에 담긴 뜻

태극기는 조선이 유학의 나라, 나아가 중국 송나라 시대의 유학이었던 성리학의 나라였음을 보여 주는 대표적인 상징물이다. 조선 시대 말기인 1882년에 처음 사용하기 시작해서 대한제국을 거쳐 지금껏 쓰이고 있는데, 가운데 놓인 원이 태극을 상징하는 문양이

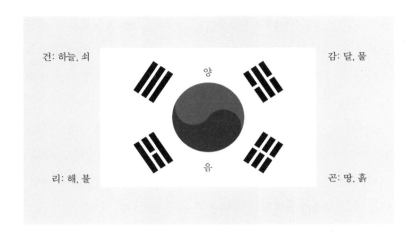

건: 하늘, 쇠 감: 달, 물

양

음

리: 해, 불 곤: 땅, 흙

다. 그 주위를 둘러싼 도형 네 개는 주역의 건곤감리乾坤坎離이다. 태극 문양이 태극이 움직여 음양이 분화되는 모습이라면, 네 괘는 음양이 분화되면서 생성되는 세상 만물을 나타낸다.

유학, 특히 조선의 주류 사상이었던 성리학에서 태극은 우주 만물의 생성과 변화 원리를 드러내는 개념이었다. 태극太極을 한자 뜻 그대로 풀이하면 '커다란 극'이다. 극은 축이나 굴대, 뿌리, 매듭, 끝 들을 의미하는데 모두 용마루란 초기 뜻에서 파생되었다. 용마루는 지붕의 끝이자 가장 높은 곳으로, 서까래를 걸어서 지붕을 지탱하게 하는 중심축이었다.

성리학의 태극 개념은 이 용마루에서 중심축이란 의미를 추상화해 우주의 생성, 하늘과 땅의 분화, 생명체의 탄생, 남녀의 분화 등 온갖 만물의 생성과 변화 원리로 확장하면서 생겨났다. 용마루처럼 눈에 보이진 않지만 용마루 역할을 하는 어떤 중심축이나 기준이

하늘에서 용마루 구실을 하는 중심 축은 북극성이었다.
조선 후기의 유명한 서예가이자 학자였던 추사 김정희는 북극성을 태극이라 여겼다.
ⓒ Ashley Dace (Creative Commons Attribution Share-alike license 2.0)

있어서 사물의 생성과 변화 과정을 이끌고 사물에 질서를 부여한다
는 발상, 이것이 태극에 담긴 이념이었다.

　이 이념이 노린 것은 인간 사회의 질서인 인륜의 근거를 자연계의
변화 속에서 찾아내는 것이었다. 자연계의 변화를 추동하고 조율하
는 축이 있다면 그 축이 자연의 일부인 인간의 행위와 규범에도 고
스란히 적용된다는 믿음이다. 성리학자들은 우주의 물리 법칙과 인
륜의 원칙, 다시 말해 지금은 전혀 다른 분야인 물리학과 윤리학을
태극이라는 같은 뿌리에 두고 싶어 했다.

—다른 나라는 국기에 어떤 뜻을 담았나—

네팔 달과 태양을 그려 넣었다. 파란색 테두리는 평화를 의미하고 빨간색 바탕은 네팔을 상징하는 색이라 한다.

미국 미국 독립과 연방의 가치를 상징한다. 별이 연방의 숫자를 나타낸다. 미국은 열세 개 주가 연합해 영국으로부터 독립을 쟁취했다. 연방이 늘 때마다 국기에 담긴 별의 숫자도 늘어났다.

일본 빨간 원이 해를 나타낸다. 해가 돋는 땅 또는 태양신을 상징한다고 한다.

중국 중국 공산당의 정치 이념을 나타낸다. 큰 별은 중국 공산당을, 작은 별 넷은 노동자, 농민, 지식 계급, 민족 자본가를 가리킨다.

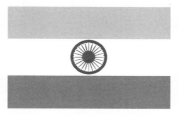

영국 왕국의 연합을 상징한다. 지금의 영국은 그레이트브리튼 왕국과 아일랜드 왕국의 연합으로 탄생했다.

인도 주황색, 흰색, 녹색의 3색은 힌두교, 통일, 이슬람교를 의미하고 가운데 문양은 법륜 즉 진리의 수레바퀴를 뜻한다.

프랑스 프랑스 대혁명의 이념을 나타낸다. 파랑은 자유, 하양은 평등, 빨강은 우애를 상징한다.

터키 이슬람교의 상징으로 알려진 초승달과 별이 그려져 있다.

공 선생은 하늘이 내린 성인이야.
수레바퀴 자국으로 천하를 이을 만큼 세상을
떠돌아다녔어도 끝내 자신의 뜻을 펼칠 만한
지위를 얻지 못했거든. 그러자 고향에 돌아가서
『시경』과『서경』이란 책을 편집하고『예기』와
『악경』의 내용을 바로잡고『주역』을 해설하고
『춘추』란 역사책을 지어. 옛 성인의 뜻을 잇고
학문으로 세상을 바꿀 수 있도록 길을 열었지

孔子以天縱之聖 轍環天下 道不得行于世
刪詩書 定禮樂 贊周易 修春秋
繼往聖開來學

― 孔子以天縱之聖 轍環天下 道不得行于世 刪詩書
공자이천종지성 철환천하 도부득행우세 산시서
定禮樂 贊周易 修春秋 繼往聖開來學 ―
정례악 찬주역 수춘추 계왕성개래학

孔 구멍/성 공　**縱** 세로/놓을 종　**聖** 성인 성　**轍** 바퀴 자국 철　**環** 고리/돌 환　**下** 아래 하
道 길 도　**得** 얻을 득　**于** 어조사/~에 우　**世** 세상 세　**刪** 깎을 산: 책의 편집이나 편찬에
깎는다는 표현을 쓰는 이유는 고대 중국에서 책을 대나무 조각으로 만들었기 때문이다.　**詩**
시/시경 시　**書** 글/서경 서　**定** 정할 정　**禮** 예도/예기 례　**樂** 즐길 락/노래 악　**贊** 도울/
기릴 찬　**易** 바꿀/주역 역　**修** 닦을 수　**春** 봄 춘　**秋** 가을 추　**繼** 이을 계　**往** 갈 왕　**開** 열
개　**來** 올 래　**學** 배울 학

중년 실업자, 공자

공 선생은 유학의 창시자로서 근대 이전 동아시아에서 성인聖人으로 추앙받던 인물이다. 고대 중국에서 성인은 사람들이 우러를 정도로 덕이 높거나 뛰어난 통찰력을 갖춘 사람, 능히 세상을 크게 한 판 다스릴 수 있는 사람이었다. 대개 요임금이나 순임금, 홍수를 다스린 우임금, 상나라를 세운 탕임금, 주나라 문왕이나 무왕, 주공 같은 전설적 통치자들을 성인이라 불렀다.

공자 역시 일찍부터 이들 성인과 비슷한 반열에 올랐다. 한나라 고조(유방, 기원전 206~기원전 195) 때부터 공식적으로 공자 제사를 지내기 시작했고, 당나라 현종(712~756) 때에 이르러선 문선왕이라는 시호를 내려 공자를 왕으로 대접했다.

이는 매우 특이한 사례였다. 공자는 다른 성인들처럼 왕 노릇 하면서 정치적 업적을 남긴 적이 없었다. 출신도 미천했다. 관직에 종사하기도 했지만 지위가 낮았다. 기간도 짧았다. 게다가 정치적 탄압과 갈등을 피해 노나라를 떠난 뒤 무려 14년 동안을 아무런 지위 없이 천하를 떠돌기만 했다.

여행기를 써서 인터넷에 올리기 위해서가 아니었다. 공자는 요새 관직으로 치면 국무총리나 장관급 정도의 고위직을 얻어서 자신의 정치 원칙과 정책을 펼치고 싶어 했다. 그러나 그가 들렀던 위衛, 진陳, 조曹, 송宋, 정鄭, 채蔡 등 어느 나라도 공자를 채용하지 않았다. 춘추 전국 시대 전반기를 살던 제후들은 공자를 매력적인 인재로 여기지 않았다.

그렇다면 공자는 후대에 어떻게 성인이 될 수 있었을까? 그 자신은 실패했지만 폭력과 전쟁이 아니라 학문으로 세상을 바꿀 수 있다는 믿음과 가능성을 제시했기 때문이다. 선비들은 학문하는 자였고 학문의 역할과 가능성을 높인 공자의 학설에 끌릴 수밖에 없었다. 이 선비들이 후대에 정부 관료의 핵심층이 되면서 공자를 왕 또는 황제 급의 성인으로 밀어 올린 것이다.

이러한 결과의 의미를 압축해서 보여 주는 예가 경복궁 동쪽에 위치한 두 군데의 신성한 공간 종묘와 대성전이다. 종묘는 왕실의 조상신을 모신 사당이다. 반면에 대성전은 성균관과 향교, 서원 같은 교육 기관에서 공자를 비롯한 유학 성현들을 모신 사당이다.

공자는 군사를 일으켜 나라를 세우거나 왕위를 세습 받지 않았다. 그렇지만 죽은 뒤 마침내 왕이 됨으로써 학문의 권위를 상징하는 대성전이 왕의 위엄을 상징하는 종묘를 견제하고 통제하는 구도를 현실화시켰다. 마치 현대 민주주의 사회에서 입법 기관이 행정 기관을 견제하는 것처럼 말이다. 이 구도는 왕권의 폭주를 막아 조선 초기와 중기의 체제 안정에 커다란 효력을 발휘했다.

공자 이력서*

	성명	어릴 적엔 구丘, 커서는 중니仲尼라 부름. 공孔이란 성씨에 존칭을 표시하는 자子를 붙인 공자란 이름이 더 유명하다.
	생년월일	기원전 551년. 태어난 날짜는 알려져 있지 않다.
	본적	노魯나라 창평향昌平鄉 추읍陬邑 (지금의 산동山東 곡부曲阜.)
	신장	취미	거문고 타기
	가족 관계	아버지는 숙량흘이고 어머니는 안씨녀임.

연호 / 년 / 나이	경력 사항	비고
20세 이전	아빠, 엄마가 일찍 죽고 외롭게 자람. 노나라 실력자이자 귀족인 계씨가 베푼 연회에 참석하려다 신분이 낮다고 쫓겨남.	
20대 시절	창고 관리나 목축을 담당하는 하급 관리직에 종사.	
노 소공 25년/ 기원전 517년/35세	제나라에 가서 순임금 때의 음악을 듣고 3개월간 고기 맛을 잃을 정도로 심취. 제나라 경공이 공자에게 관직을 주려 했으나 신하 안영의 반대로 무산됨.	
노 정공 8년/ 기원전 502년/50세	노나라 권력자인 계환자의 가신이었던 공산불뉴가 반란을 일으킨 뒤 공자를 등용하려 하자 마음이 흔들리는 공자를 제자인 자로가 막음. 그 뒤 공산불뉴의 반란은 실패.	
노 정공 14년/ 기원전 496년/56세	현재의 법무부 장관과 비슷한 대사구 직책을 맡아 나라를 안정시켰으나 노나라 군주와 계환자가 자신을 홀대하자 노나라를 떠남.	
~ 노 애공 12년/ 기원전 483년/69세	위衛나라를 시초로 진陳, 조曹, 송宋, 정鄭, 채蔡 등을 떠돌며 자신의 사상을 유세하였으나 뜻이 맞는 군주를 만나지 못함. 14년 만에 노나라로 귀환함. 귀환한 뒤에도 관직에 나아가지 못하고 제자를 기르는 일로 말년을 보냄.	
노 애공 16년/ 기원전 479년/73세	죽음.	

● 논어를 읽기 전

저서	전설에 따르면 『시경』, 『서경』, 『예기』, 『악경』, 『주역』, 『춘추』를 모두 공자가 저술했다고 하나 근거가 약하다. 하지만 공자가 예로부터 전해진 내용을 취사선택해 편집하고 이를 육예라고 해서 유학의 기본 교과서로 정해 가르친 것은 분명하다. 『시경』: 고대 중국 사회의 풍속을 배경으로 그 당시 사람들의 생활을 노래한 시가집. 『서경』: 하나라, 상나라(은나라), 주나라를 비롯한 고대 중국 사회의 이름난 왕과 신하들의 어록과 선언을 모아 놓은 책. 『예기』: 중국 고대 왕조의 예법과 예법에 담긴 이념을 해설한 책. 『악경』: 중국 고대 왕조의 시와 노래, 춤 들을 다룬 책. 현재는 예기 가운데 악기라는 편으로서 일부 내용만 전한다. 『주역』: 주나라 점술책. 끊임없이 변화 순환하는 자연계의 원리를 풀이한 책. 『춘추』: 노나라 은공 원년(기원전 722)에서 애공 14년(기원전 481)까지 노나라 역사를 간략하게 정리한 역사서. 이 밖에 공자의 어록을 후대에 제자들이 모아 놓은 『논어』란 책이 유명하다.

• 공자의 생애는 전해 오는 문헌에 따라 사건과 연대가 조금씩 다르다. 여기선 간단하게 사마천의 『사기』를 따라 재구성했다. 『사기』에는 공자 제자들이 공자를 높이기 위해 사실과 어긋나게 수정, 과장한 내용이 포함되어 있다. 그러나 그 거짓에 담긴 후대인들의 욕망과 이해관계 역시 유학을 이해하는 데 필요한 요소이다.

동몽선습 ●

주 선생이 여러 학자의 학설을 모아
네 권의 책과 다섯 권의 경전을 정하고
주를 달아 해설했지.
그가 유학자들을 위해 이룬 공적이 컸어

而朱子集諸家說 註四書五經
其有功於學者 大矣

족집게 학자, 주자

조선을 흔히 송나라 시대 유학인 성리학의 나라라고 부른다. 그만큼 성리학이 조선의 지배층인 선비들의 정신세계와 삶에 끼친 영향이 심대했다. 그런데 이 성리학이 태극太極이나 음양陰陽, 이기理氣, 심성心性 같은 추상적 개념에서 출발하는 학문이라 이해가 결코 쉽지 않았다. 천하의 책벌레이자 천재였던 세종 임금조차 어렵다는 고백을 남길 정도였다.

"내가 시험 삼아 읽어 봤지만 내용이 자세하고 미묘한 탓에 끝을 보기가 쉽지 않았소. 그대는 꼼꼼한 사람이니 마음을 써서 읽어 보시오." 세종이 성리학 학자의 학설과 개념을 모아 놓은 『성리대전』이란 책을 읽은 뒤 집현전 학자였던 김돈에게 했던 말이다. 세종실록 10년(1428) 3월 2일자 기사에 나온다.

그렇다면 이이나 이황을 비롯해 조선 시대의 수많은 성리학자들은 성리학의 핵심을 어떻게 이해했을까. 그들이 모두 세종보다 똑똑했단 말인가. 그렇지는 않다. 다만 세종은 성리학에 해박한 스승의 도움을 받지 못했을 뿐이다. 성리학을 집대성했다고 평가받는 주자의 저서는 찔끔찔끔 소개되던 수준이다가 세종 대에 이르러서야 비로소 대량으로 수입되었다. 이후 그 책들이 적절히 소화되기 시작한 것이 중종 때였다.

성리학性理學은 인간의 성품이나 성질, 성별, 본성 등에 깔린 성性에, 만물에 깃든 물리나 도리, 원리, 이치 같은 이理가 담겨 있다고 주장하는 학문이다. 여기서 이 논의의 갈피를 다 드러낼 순 없다. 그러나 성리학자들이 추구한 방향성만은 지적할 수 있다. 인간의 성질과 본성에 아로새겨진 이理 즉 속내나 뜻을 탐구해서 뜻있는 삶을 사는 것이었다.

송나라 학자였던 주자는 이 목표와 그에 이르는 과정과 방법을 선명하게 제시한 학자였다. 그는 성리학 이론에도 관심을 쏟았지만 거기에서 그치지 않았다. 성리학의 어떤 내용이 중요한지, 낮은 단계와 높은 단계의 공부가 어떻게 다른지, 성리학자들의 일상적 삶이 어떠해야 하는지를 족집게로 집듯이 콕콕 찍어서 알려 주었던 학자였다.

이를테면 그는 막연하게 유학의 고전을 읽으라고 하지 않았다. 『논어』, 『맹자』, 『대학』, 『중용』, 이 네 권의 책을 기본 필독서로 읽으라고 제시했다. 『대학』을 먼저 읽은 뒤 『논어』, 『맹자』를 나중에 읽으라고 그 순서까지 정했다.

그뿐만이 아니었다. 만약 학교를 세운다면 그곳에서 쓸 초입자용 교재뿐 아니라 학교 기둥에 걸어 놓을 문구까지 정해 두었다. 제사를 지낸다면 일반적인 순서는 물론이고 제사상에 올려 놓을 음식의 위치, 그 앞에서 읽을 축문 구절까지 꼼꼼하게 기록해 두었다. 더구나 이 책들을 당시 세계 최고 수준이었던 중국 남부 지방의 인쇄 공

● 논어를 읽기 전

주자(1130~1200).

방을 활용해 중국 전역에 배포할 줄도 알았다.

　그는 이론뿐 아니라 실천 지침과 방안을 담은 매뉴얼 작성까지 신경 쓴 학자였다. 능력 있는 출판가, 언론가이기도 했던 것이다. 이 때문에 주자의 속살을 접할 수 있었던 세종 이후 선비들은 그의 이론서, 문답서, 실천 매뉴얼의 안내를 받으며 성리학을 세종보다 훨씬 수월하게 공부할 수 있었다.

유학의 교과서 사서오경

네 권의 책과 다섯 권의 경전을 일컫는 사서오경은 유학에서 기본 필독서로 쓰인 아홉 권의 경서를 가리킨다. 사서는 『대학』, 『논어』, 『맹자』, 『중용』이고, 오경은 『시경』, 『서경』, 『주역』, 『예기』, 『춘추』이다. 이 가운데 『예기』, 『춘추』를 빼서 사서삼경이라 부르기도 한다.

주자 이전엔 사서오경이 없었다. 당시 유학자들이 교과서라고 여겼던 책은 학자마다 학파마다 조금씩 달랐다. 어떤 이는 오경을 중시했고 어떤 이는 오경에 『논어』, 『맹자』를 더했다. 십삼 경이라 해서 좀 더 폭넓은 독서를 중시하는 학자도 많았다.

주자는 이러한 여러 책 중에서 『논어』, 『맹자』와 오경에 속한 『예기』에서 일부를 떼어 낸 『대학』, 『중용』을 함께 묶어 독립적 가치를 부여했다. 이 사서에는 시기상으로 주자 당대와 더 가까웠던 공자, 맹자의 숨결이 오경보다 더 많이 서려 있었다. 주자 자신의 성리학 주장을 뒷받침하는 근거와 자료도 사서에 훨씬 더 풍부하게 담겨 있었다. 이처럼 사서오경은 이 사서에 기존의 오경을 더해 탄생한 개념이었다.

일견 단순해 보이는 이 교과목 재편이 후대에 끼친 영향은 대단히 컸다. 주자 이후 중국의 학교 교육과 과거 시험이 약 600여 년간 사서 중심으로 이루어졌기 때문이다. 조선 시대의 교육과 과거 시험 역시 큰 틀에서 이를 따랐다.

논어를 읽기 전

아하! 우리나라가 비록 바다 건너 귀퉁이에
치우쳐 있어 땅이 작지만 모든 제도와 문물이
중국을 따르고 있구나. 위는 인간의 윤리를
알고 아래는 가르침에 따라 살아가니 풍속의
아름다움이 중화에 견줄 만하지. 그러니 중국
사람들도 우리를 작은 중화라고 부를 수밖에

於戲 我國 雖僻在海隅 壤地褊小 禮樂法度
衣冠文物 悉遵華制 人倫 明於上 敎化 行於下
風俗之美 侔擬中華 華人 稱之曰小中華

— 於戲 我國 雖僻在海隅 壤地褊小 禮樂法度 衣冠文物 悉遵華制
오희 아국 수벽재해우 양지편소 예악법도 의관문물 실준화제
人倫 明於上 敎化 行於下 風俗之美 侔擬中華 華人 稱之曰小中華 —
인륜 명어상 교화 행어하 풍속지미 모의중화 화인 칭지왈소중화

於 어조사 어/탄식할 오　戲 놀 희/슬플 호　我 나 아　雖 비록 수　僻 궁벽할 벽. 궁벽하다
는 외따로 치우쳐 있어 구석지다는 뜻이다.　在 있을 재　海 바다 해　隅 모퉁이 우　壤 흙/
땅 양　褊 좁을 편　小 작을 소　法 법 법　度 법도 도　衣 옷 의　冠 갓관　文 글 문　悉 다
실　遵 좇을 준　華 꽃/빛날/중화 화　制 절제할/법제 제　明 밝을 명　上 윗 상　風 바람 풍
俗 풍속 속　美 아름다울 미　侔 견줄 모　擬 견줄 의　中 가운데 중　稱 일컬을 칭　예악
법도禮樂法度: 예禮는 신분이나 계층, 계급 질서를 유지시켜 주는 여러 가지 규칙들이다. 악
樂은 음악으로 오늘날 예술 개념에 가깝다. 법法은 나라를 다스리는 통치 수단으로, 어겼을 때
벌이 따르는 규칙들이다. 도度는 법이 행사되는 차례나 절차적 측면을 강조한다. 예악법도는
요즈음 사회의 정치 문화 제도에 가까운 말이다.

소중화 중화 대화

혼마 규스케本間九介는 일본의 떠돌이 낭인이었다. 한때 주인 잃은 떠돌이 무사를 가리켰던 낭인은 근대 이전만 해도 칼을 차고 일본을 헤매고 다녔다. 그러나 일본에서 도쿠가와 막번 체제 (1603~1867)가 무너지고 메이지 유신을 통해 무사 계급이 사라지자 그들의 후예가 양복 차림으로 조선 땅을 떠돌기 시작했다. 혼마는 그런 낭인 가운데 한 명이었다.

그는 누가 시킨 것도 아닌데 스스로 조선 정탐꾼을 자처했다. 조선의 인정과 풍습을 잘 알아야 조만간 이루어질 일본의 조선 침략과 지배가 원활해지리라는 판단에서였다. 그래서 자신이 조선에서 보고 들은 것을 일본 신문에 투고하고 『조선잡기』란 책으로도 출판했다.

그런데 그 책 가운데 앞의 동몽선습 구절을 언급하는 대목이 나온다. 조선 선비가 소화小華 즉 소중화라고 자랑하길래 자신은 대화大華 사람이라고 눙치며 조선 사람들 말문을 막았다는 이야기이다. 그는 동몽선습에 나오는 소중화 운운하는 사대 풍습의 유래가 오래라며 한탄하기도 한다.

혼마가 동몽선습을 두고 한 지적은 씁쓸하지만 적확했다. '세상

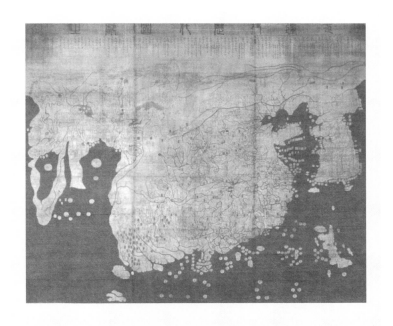

혼일강리역대국도지도混一疆理歷代國都之圖(1402). 조선 초의 세계 지도.
'역대 나라들의 도읍지를 한데 모으고 경계를 바로 잡은 그림'이란 뜻이다.
오늘날의 기준으로 봤을 때 세계 지리는 부정확했지만 당시 조선 사람들이 지녔던
소중화 의식만은 정확하게 반영한 지도였다.

한가운데서 빛나!' 정도로 풀이할 수 있는 중화中華는 중국인들이
자신을 세계의 중심으로 자처하고 주변을 오랑캐로 여기면서 생겨
난 개념이었다. 땅의 중심을 자부하는 말이 중국이었다면 거기에
문명의 중심이란 뜻을 얹은 말이 중화였다.

이에 반해 소중화는 한반도가 중국 변방 오랑캐 땅에 있지만 중화
의 문명을 받아들였으니 중화라 칭할 만하다는, 자존 의식 밑에 자

기 비하 관념이 깔린 용어였다. 그나마 명나라를 중화로 떠받들던 때엔 소중화 의식이 평화를 담보하는 구실이라도 했다. 하지만 조선 후기에 이르러선 그런 긍정적 기능도 사라진 상태였다.

소중화 의식은 아편 전쟁 이후 몰락해 가는 중국과 근대 천황제 국가로 빠르게 변모해 가는 일본의 현실을 제대로 보지 못하게 가로막았다. 혼마의 한탄은 옳았다. 그렇지만 진단이 옳았다 해서 그에 대한 대책이 조선(대한제국) 침략일 이유는 없었다.

암이라고 진단했으면 수술이나 방사선 치료를 권유하면 되지 다짜고짜 목을 자를 이유는 없었다는 말이다. 한중일 삼국은 모두 일본 제국이 침략 야욕을 불태우던 20세기 전반기보다 침략 야욕이 꺾인 20세기 후반기에 더 큰 경제 성장과 번영을 이루어 냈다.

혼마의 용어를 빌리자면 20세기 초 동아시아 역사는 대화가 소화와 중화를 삼키려다 실패한 역사였다. 그는 소중화의 허세와 허약함을 비웃었지만 대화 역시 미국 쪽에서 보면 허장성세였다. 1945년 일본의 패망으로 그 사실이 증명되기까지 한중일 삼국 인민이 치른 희생은 광범위하고 가혹했다.

자치통감에서 간추리다

통감절요

천자문이나 동몽선습 같은 책을 통해 기초적인 한자를 익힌 아이들은 이제 본격적으로 한문을 공부하게 된다. 이때 만나게 되는 책이 통감절요였다. 통감절요는 조선 시대에 가장 대중적으로 애용됐던 한문 입문서이자 중국 역사서였다. 이유가 있었다.

사실 성리학에 충실하려 했던 유학자일수록 어린 나이에 역사책 읽는 일을 싫어했다. 그들이 권했던 책은 다음 장에 나오는 소학이었다. 삶의 중심과 관점이 잡히지 않은 나이에 역사를 접하면 흥미 위주로만 받아들이게 된다는 이유에서였다.

그런데 바로 이 점이 통감절요의 매력이었다. 중국어가 모국어가 아닌 나라에서 한문을 공부하는 일은 고단한 과정이었다. 이는 마치 요즈음 초중등생이 원서로 근대 유럽과 미국 역사를 읽어 내는 것처럼 어려운 일이었다. 텔레비전이나 인터넷, 스마트폰이 없던 시대에 역사 속 왕과 장군, 선비, 영웅들의 실패와 성공 이야기는 한문 공부의 고단함을 상쇄시키는 청량제였다.

통감절요는 사마광의 『자치통감』을 요약한 책이다. 사마광은 북송(960~1127) 때의 보수적인 정치가이자 학자였다. 그는 국가 통치의 모델과 지침을 마련하고자 1066년부터 1084년까지 18년간을 『자치통감』 저술에 매달렸다. 이 책은 전국 시대 초기(기원전 403)부터 오대십국 시대의 후주(959)까지 1362년간의 중국 역사를 연대순으로 담아낸 대작이었다. 공자가 편찬했다는 『춘추』, 사마천이 쓴 『사기』와 함께 중국의 3대 역사서로 평가받는다.

그런데 『자치통감』은 요즈음 출간된 번역서로도 400~500쪽짜리 책, 31권에 달하는 방대한 저작물이었다. 양이 너무 많아서 읽기 어려웠기 때문에 북송 때 학자였던 강지가 이를 6~7분의 1 분량으로 줄인 것이 바로 통감절요였다. 그러나 이것 역시 조선 시대 책 기준으로 15권에 달해서 아이들이 읽기에 만만치 않았다. 그래서 대개 두 번째나 세 번째 권까지 읽은 뒤 어느 정도 한문의 문리를 깨치면 소학이나 『논어』 『맹자』 같은 경서 학습으로 넘어갔다고 한다. 중국의 전국 시대부터 진한 시대까지나 삼국 시대까지를 주로 공부했던 셈이다.

마지막으로 통감절요가 남긴 부산물 가운데 하나가 고사성어였다. '옛 사건에서 뽑아낸 말' 정도로 요약되는 고사성어는 현실과 삶의 문제를 비춰 보는 역사 속 사례였다. 그 예들이 통감절요에는 차고 넘쳤다. 여기서도 고사성어를 남긴 중요 사건 위주로 통감절요의 묘미를 느낄 수 있는 몇몇 기사를 뽑아 보았다.

제가 이런 말을 들었습니다. 입술이 없으면
이가 시리다고요. 지씨가 지금은 당신들
한씨와 위씨 군사를 거느리고 우리 조씨 가문을
공격하고 있어요. 그렇지만 우리 조씨가 망하면
그 다음에 한씨와 위씨 가문을 칠 것입니다

臣聞脣亡齒寒 今智伯 帥韓魏而攻趙
趙亡則韓魏爲之次矣

— 臣聞脣亡齒寒 今智伯 帥韓魏而攻趙 趙亡則韓魏爲之次矣 —
신문순망치한 금지백 솔한위이공조 조망즉한위위지차 의

聞 들을 문 　脣 입술 순 　亡 망할 망 　齒 이 치 　寒 찰 한 　今 이제 금 　智 지혜 지 　伯 맏/
백작 백 : 고대 사회에서 제후들끼리 연합을 하거나 동맹을 맺었을 때 그 우두머리를 가리켰다.
帥 장수 수/거느릴 솔 　韓 한국/한나라/성 한 　魏 위나라/성 위 　攻 칠 공 　趙 조나라/성
조 　爲 할/될/위할 위

입술이 없으면 이가 시리다 – 순망치한脣亡齒寒

통감절요를 읽다 보면 역사의 물줄기를 바꿔 놓은 말을 자주 만나게 된다. 입술이 없으면 이가 시리다 운운하는 것도 그런 말 가운데 하나이다. 과장을 보태자면 이 말 한마디로 인해 전국 시대의 막이 올랐다. 진晉나라(진秦이 아니다) 귀족 조양자가 보낸 밀사가 역시 진晉나라 귀족 한강자와 위환자를 설득하기 위해 던진 말이었다.

조양자, 한강자, 위환자는 모두 진나라에서 두세 번째 세력가 자리를 놓고 다투는 경대부 신분의 귀족들이었다. 가장 위세가 높았던 첫 번째 세력가는 지씨 집안의 지백智伯 즉 지요智瑤였다. 그의 군대는 한강자, 위환자의 군대와 함께 조양자가 점거하고 있던 진양이라는 곳을 공격하고 있었다. 지요가 달라고 했던 땅을 조양자가 주지 않았다는 이유에서였다.

당시 조양자의 패배는 시간문제였다. 그러니까 조양자 측의 은밀한 설득은 배신을 부추기는 말이었다. 셋이 힘을 합쳐 가장 힘센 놈 하나를 물리친 뒤 세 집안이 진나라를 나눠 갖자는 제안이었다. 한강자와 위환자는 이 제안을 받아들였다. 입술 없는 이가 될 바엔 먹음직스런 먹이를 한번 물어뜯는 게 나았다.

그들은 공격 방향을 지요에게로 돌렸다. 조양자도 호응했다. 지요는 죽고 위세등등했던 지씨 집안도 사라졌다. 이미 허수아비 신세였던 진나라 제후 역시 당장 폐위되진 않았지만 권력이 시골 이장 수준으로 쪼그라들었다. 이렇게 진나라는 한韓나라, 위魏나라, 조趙나라로 갈라졌다. 기원전 453년에 벌어진 일이었다.

그로부터 50년이 흐른 기원전 403년 주나라 왕실은 이들의 하극상을 공인하는 조치를 취했다. 한강자, 위환자, 조양자의 후예인 한건, 위사, 조적을 제후로 봉해 그들의 나라를 제후국으로 공식화시킨 것이다. 이로써 후대 학자들이 전국 시대라고 부르는 시대가 시작된다. 이 조치의 기록이 통감절요의 첫 번째 기사였다.

주 위열왕 23년. 처음으로 진晉나라 대부 위사, 조적, 한건을 제후로 삼도록 명을 내렸다.

춘추와 전국 시대

춘추와 전국 시대의 기점은 역사학자나 책마다 조금씩 다르다. 통감절요처럼 한나라, 위나라, 조나라를 제후국으로 공식화한 기원전 403년을 기점으로 보기도 하지만 세 나라가 실질적으로 갈라진 기원전 453년을 기점으로 보는 경우도 많다. 공자가 편찬했다는 『춘추』의 역사 서술이 끝나는 시기인 기원전 481년으로 보기도 한다.

기점에 대한 견해는 통일되어 있지 않지만 학자들이 춘추와 전국 시대를 굳이 갈라 보는 데는 나름대로 이유가 있다. 두 시기의 지배

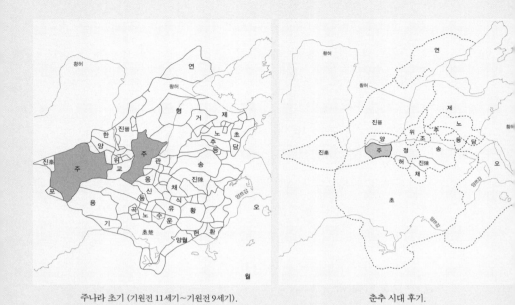

주나라 초기 (기원전 11세기~기원전 9세기).
춘추 전국 시대(기원전 770~기원전 221) 전후의
개괄적인 흐름.

춘추 시대 후기.

체제 성격이 판이하게 달랐기 때문이다. 기원전 770년 주나라가 동쪽 낙읍(지금의 낙양)으로 수도를 옮겨 동주 시대를 연 이래, 주 왕실의 힘이 그 이전 서주 시대처럼 강했던 적은 없었다. 그래도 동주 시대 전반기인 춘추 시대만 해도 주 왕실의 상징적 권력과 예법은 지켜지고 있었다.

이 때문에 하극상이 벌어져도 주나라 왕과 제후, 제후 밑의 경卿과 대부大夫, 그 밑 사士와 서인庶人의 위계질서는 명목상으로나마 보존되었다. 이를테면 경대부가 제후를 쳐도 허수아비 제후를 세울

● 논어를 읽기 전

전국 시대 후기.　　　　　　　　　　　　　　　진나라(기원전 221~기원전 206).

지언정 스스로 제후로 올라서는 일은 거의 없었다. 간혹 있더라도 주 왕실과 주변 제후국들의 개입에 의해 진압되었다.

　제후의 신하였던 한씨, 위씨, 조씨를 제후로 봉한 일은 이 암묵적 질서가 무너졌음을 알리는 사건이었다. 이제 신분을 지속시키는 힘은 상징적 권력과 예법의 명목에서 나오지 않았다. 군사력과 군사력을 동원하는 능력에서 나왔다. 전국 시대는 나라와 나라, 계층과 계층의 무한 대결이 펼쳐지는 전쟁 시대였다.

　춘추 전국 시대(기원전 770~기원전 221)는 중국 문명의 원형이 형성된 시기였다. 초기에 대략 100여 나라, 학자에 따라선 200여 나라로 추산하는 제후국들이 하나의 국가로 통합되면서 동아시아 문명의 핵심이 되는 정치 제도, 문화, 사상이 싹을 틔웠다. 이 과정에 견줄 만한 역사 경험은 아마도 16세기 이후의 유럽 근대사가 유일할 것이다. 유럽의 현대 문명은 16세기 500여 개에 달했던 독립적 통치 체제가 100년 전쟁, 30년 전쟁, 제1차 및 제2차 세계 대전을 거쳐 유럽연합으로 통합되는 과정에서 형성되었다.

막말로 차라리 닭 주둥이를 하면 했지
소똥구멍은 안 한다고 했습니다. 대왕께선
현명하신 데다 대왕이 거느린 한나라 군대 역시
강합니다. 그런데도 진나라 밑으로 들어가
소똥구멍이라고 이름나면 대왕을 위해서라도
이를 부끄러워해야겠지요

鄙諺曰 寧爲鷄口無爲牛後 以大王之賢
挾彊韓之兵 而有牛後之名 竊爲大王羞之

— 鄙諺曰 寧爲鷄口無爲牛後 以大王之賢
비 언 왈 영 위 계 구 무 위 우 후 이 대 왕 지 현
挾彊韓之兵 而有牛後之名 竊爲大王羞之 —
협 강 한 지 병 이 유 우 후 지 명 절 위 대 왕 수 지

鄙 더러울/천할 비 諺 속담/상말 언 寧 차라리 녕 鷄 닭 계 口 입 구 無 없을 무 牛
소 우 後 뒤 후 王 임금 왕 賢 어질 현 挾 가질 협 彊 강할 강 兵 병사 병 名 이름 명
竊 몰래 절 羞 부끄러워할 수

소 똥구멍보다는 닭 주둥이 - 계구우후鷄口牛後

합종책을 주창한 소진이 한나라 선혜왕에게 했던 말이다. 통감절요에 따르면 전국 시대 중반기인 기원전 333년의 일이다. 이때는 전국 시대 초반 강성했던 위魏나라, 한韓나라, 조趙나라의 기세가 한풀 꺾이고 그들 서쪽의 진秦나라가 강국으로 등장하던 시기였다.

　중국 서북쪽 산골 자락에 치우쳐 있던 진나라는 전국 시대 초기까지만 해도 야만적인 후진국 취급을 받던 나라였다. 그러나 진 효공(기원전 361~기원전 338) 시기를 거치면서 그 어떤 나라도 무시하기 어려운 강대국으로 자라났다.

　타국의 인재를 끌어들여 농업 경제를 선진화시키고, 농민층을 군사 자원으로 동원하는 엄격한 지배 체계를 확립했기 때문이다. 진나라는 전국 시대 현실에 가장 적절하게 적응한 나라였다. 그 기세가 서서히 그러나 무섭게 동쪽으로 뻗치고 있었다.

　이때 소진이 들고 나온 책략이 합종책이었다. 합종책은 진나라 동쪽에 세로로 자리 잡고 있는 여섯 나라가 힘을 합쳐 진나라의 야심을 막아 내자는 제안이었다. 약한 놈끼리 힘을 합쳐 센 놈에 대항한다는 생각이야 새로울 게 없었다. 소진의 탁월함은 그것을 실현해 내는 책략과 말발이었다. 닭 주둥이 운운하는 앞의 말에서도 소진은 선혜왕을 한껏 띄워 준다. 동시에 수치심도 자극한다. 누군들 소똥구멍이라 불리고 싶겠는가.

사실 그 당시 한나라는 강하지 않았다. 위로는 위나라에 밟히고 왼쪽으로는 진나라에 치이는 동네북 신세였다. 닭 주둥이끼리 합치라는 소진의 합종책은 위와 진의 침략을 동시에 제어하는 묘책이었다. 선혜왕은 합종책을 마다할 이유가 없었다. 소진은 명분과 실리를 동시에 제시할 줄 알았다.

다른 나라가 소진에게 설득당한 것도 이런 이유에서였다. 그는 각 나라의 실정과 이해관계를 고려해 합종책을 다양하게 변주해 유세했다. 연燕, 조趙, 위魏, 한韓, 제齊, 초楚의 합종책은 실현되었고, 소진은 여섯 나라 겸임 재상을 맡았다. 진나라의 기세는 잠시 꺾일 수밖에 없었다.

합종과 연횡

소진이 합종책을 펼치는 동안 진나라라고 구경만 하고 있진 않았다. 당시 진나라 군주였던 혜문왕은 타국 출신의 장의를 발탁해 연횡책連橫策을 펼쳤다. 연형책連衡策이라고도 하는 이 책략은 진나라 동쪽에 있는 나라들이 센 놈인 진나라와 연합해야 생존을 도모할 수 있다는 주장이었다.

합종책에는 지리적 약점이 존재했다. 진나라와 가까운 위, 한, 조

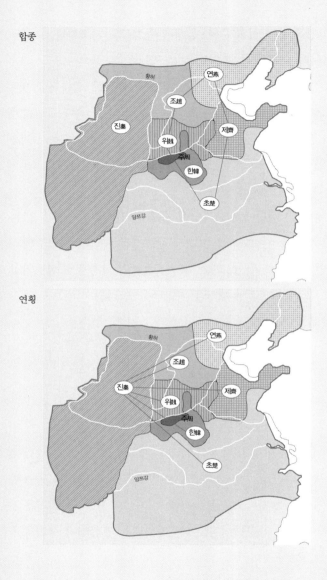

합종

연횡

전국 시대 후반기 일곱 나라의 형세.

같은 나라와 멀리 떨어진 제, 연, 그리고 통치 지역이 넓은 초 같은 나라의 이해관계가 서로 다를 수밖에 없다는 점이었다. 제와 연은 합종책에 찬동하더라도 절실하지 않았다. 장의의 연횡책은 이 틈을 파고들었다.

그의 술수는 화려했다. 뺨치고 어르는 식으로 위나라 땅을 빼앗았다 돌려주는가 하면 거짓으로 진나라에서 쫓겨나는 척해서 위나라 재상을 지내기도 했다. 초나라에 머물며 초나라 왕의 부인에게 간계를 쓰기도 했다. 그 덕분에 합종은 오래가지 못하고 수시로 깨졌다. 전국 시대는 합종연횡, 어제의 동맹군이 오늘의 적이 되고 오늘의 적이 내일의 동맹군이 되는 혼란한 상황에 접어들었다.

이 구도가 나중에 진나라가 중국을 통일하게 되는 기반을 마련해 주었다. 합종 세력은 합쳐서도 따로 논 탓에 전쟁을 일으켜 진나라에 궤멸적 타격을 입힌 적이 없었다. 그러나 연횡 세력과 전쟁을 벌인 상대국은 궤멸적 타격을 입을 때가 많았다.

이를테면 기원전 312년 진·제 연합군과 싸웠던 초나라는 8만의 병사를 잃었다. 기원전 284년 진·연·위·한·조 연합군과 싸웠던 제나라는 왕이 죽었다. 합종연횡이 어지럽게 반복될수록 여섯 나라는 차례차례 힘을 잃어 갔다. 반면에 진나라는 국력을 보존했다.

신이 오늘에야 처음으로 그대의 주머니 속에
들기를 청하는 것이옵니다. 제가 이전부터
주머니 속에 들어 있었다면 진작 송곳 끝이
밖으로 삐져나왔지요. 송곳 끝만 보였을까요.
송곳이 통째로 삐져나왔을 텐데요

臣乃今日請處囊中爾 使遂蚤得處囊中
乃穎脫而出 非特其末見而已

— 臣乃今日請處囊中爾 使遂蚤得處囊中 乃穎脫而出 非特其末見而已 —
신내금일청처낭중이 사수조득처낭중 내영탈이출 비특기말견이이

乃 이에 내   日 날 일   請 청할 청   處 곳 처   囊 주머니 낭   爾 너 이   使 하여금/부릴 사
遂 드디어 수   蚤 벼룩/일찍 조   穎 이삭/끝 영   脫 벗을 탈   出 날 출   非 아닐 비   特 특
별할 특   末 끝 말   見 볼 견/뵐 현   已 이미 이   이이而已: ~일 뿐이다. ~일 따름이다

주머니 속의 송곳 – 낭중지추囊中之錐

일자리를 구하던 모수라는 이가 조나라 세력가 평원군에게 했던 말이다. 평원군은 사람을 뽑고 있었다. 초나라와 위나라에 외교 사절로 함께 데리고 갈 사람이었다. 모수는 그 지원자 중에 하나였다.

당시 조나라는 정세가 엄중했다. 진나라에게 수도를 포위당해 함락 직전에 몰려 있었다. 2년 전 장평 전쟁(기원전 260)에서 진나라 군대에게 군사 40여 만 명을 몰살당했던 터라 군대를 더 동원할 여력도 없었다. 평원군의 임무는 초나라와 위나라에서 지원군을 끌어오는 것이었다. 아무나 데려갈 수 없었다.

그렇지만 모수는 듣도 보도 못한 잡놈 선비였다. 평원군이 인재를 모으기 위해 꾸려 놓은 학사에서 3년을 머물렀는데도 아무도 그를 추천하지 않았다. 이는 평원군이 보기에 커다란 결격 사유였다. 그래서 완곡하게 불합격 의사를 밝히려고 꺼낸 비유가 '주머니 속 송곳'이었다.

"뛰어난 선비란 주머니 속 송곳 같아요. 세상에 나오면 그 끝이 드러나지요. 그대가 내 밑에 든 지 3년이라 하는데 내가 이름을 들은 적이 없어요. 이는 선생에게 어떤 능력도 없단 소리예요."

이 말에 대한 대답이 앞에서 모수가 했던 말이다. 그는 변명하지 않았다. 그렇다고 물러나지도 않았다. 대신 써 주지 않아서 능력 발휘를 못 했다는 주장을 주머니 속 송곳의 비유를 활용해 순발력 있게 되돌려 주었다. 요즈음 회장이나 사장들도 아마 모수처럼 재치 있고 패기 넘치는 입사 지원자를 내치기는 어려울 것이다. 평원군은 결심을 바꿔 모수를 뽑았다.

모수는 초나라에 가서 기대 이상의 활약을 펼쳤다. 초나라 왕이야 아쉬울 게 없었다. 회담은 지지부진했다. 이때 모수가 다시 순발력을 발휘했다. 그는 칼을 잡은 채 초나라 왕 앞으로 바짝 다가가 한편으로 초 왕과 자신의 목숨을 걸고, 한편으로 열정 어린 말로써 진나라가 초나라를 침략했던 역사를 상기시켰다. 진나라에 타격을 주는 일이 초나라에도 이득이 됨을 설득한 것이다.

초 왕은 마음을 돌렸다. 조와 초의 합종이 성사되었고 조나라는 초나라, 위나라가 보내 준 지원군과 힘을 합쳐 진나라 군대를 물리쳤다. 송곳 끝을 예리하게 내비친 모수는 상대부라는 높은 관직을 얻었다.

선비

조선의 선비와 일본 막부 시대의 무사(사무라이)를 한자로 표기하면 '士'라는 같은 글자가 된다. 전국 시대는 이 사, 즉 문무를 겸비한 선비 계층의 활약이 두드러졌던 시대였다. 모수나 앞에 나온 소진은 이런 선비의 원형을 보여 주는 인물이다.

춘추 시대에 정치, 행정, 군사를 좌지우지했던 계층은 제후 일가이거나 경이나 대부 같은 세습 귀족들이었다. 그러나 춘추 시대 초기에 100여 개가 넘었던 제후국이 전국 시대 들어 일곱 개의 주요 국으로 재편되면서 상황이 달라졌다.

　멸망한 나라의 제후나 귀족들은 몰락했다. 남아 있는 나라의 제후나 왕들 역시 전쟁의 시대에 살아남기 위해 부국강병의 길을 모색했다. 그들은 경쟁적으로 정치, 경제, 군사 제도의 개혁을 시도했다. 군사력도 왕에게로 집중시켰다. 이때 신생 관리로서 활약했던 계층이 선비였다.

　선비는 춘추 시대에 경대부 아래 지배층의 말단부를 이루었던 계층이었다. 그러나 춘추 말기 이후에는 출신 신분이나 지역에 상관없이 학식이나 지식, 용기, 지도력 등을 갖추고 관직을 얻으려는 사람이면 다 선비라고 불렀다.

　이때의 선비 계층은 마치 왕의 칼이나 쟁기가 되기 위한 욕망으로 부글부글 끓어 대는 용광로 같았다. 그 용광로 속으로 몰락한 귀족 가문의 후예, 상공업의 발전으로 부유해진 일부 상인과 공인, 전쟁에서 공을 세운 농민들이 녹아들어 갔다.

　이 때문에 선비들은 과거 귀족 가문이 독점했던 고급 학식뿐 아니라 하층민의 다양한 경험과 기술 지식까지 흡수할 수 있었다. 이들의 학식과 지식은 다채로웠고 행동은 날이 서 있었다. 과거 시험을 치러 관직에 진출했던 후대의 유학자 선비들이 예의와 내면 수양을 주로 강조한 것과 달랐다.

왕이 처음 천하를 하나로 아울렀다.
이에 자신이 쌓은 덕이 삼황과 견줄 만하고
해낸 일이 오제를 능가한다고 하여
왕이란 호칭을 황제로 바꿔 부르게 했다

王初幷天下 自以爲德兼三皇
功過五帝 乃更號曰皇帝

— 王初幷天下 自以爲德兼三皇 功過五帝 乃更號曰皇帝 —
왕초병천하 자이위덕겸삼황 공과오제 내경호왈황제

初 처음 초 幷 아우를 병 自 스스로 자 兼 겸할 겸 三 석 삼 皇 임금 황 過 지날 과
更 다시 갱/고칠 경 號 이름 호 帝 임금 제

호칭 사다리의 종결자, 황제

황제皇帝라는 호칭이 어떻게 생겨났는지 알려 주는 기사이다. 진秦나라의 중국 통일은 순식간이었다. 진나라 왕 정이 기원전 230년 한나라를 멸망시킨 뒤 조, 연, 위, 초를 차례대로 무너뜨리고 기원전 221년 제나라의 항복을 받기까지 10년이 채 걸리지 않았다.

진나라 왕의 호칭 개정은 이 통일 과정에 정점을 찍는 행위였다. 춘추 시대에 제후는 왕王이란 이름을 쓰지 못했다. 진晉 애후나 문공, 제齊 환공처럼 공公이나 후候로 불러야 했다. 중원 문화권에서 벗어나 있던 초나라를 제외한다면 왕은 주나라 임금만이 쓸 수 있었다. 제후가 스스로를 왕이라 부르기 시작한 시점은 전국 시대 위나라 혜왕 때부터였다. 당시는 위나라 국력이 강할 때였다.

이후 다른 나라 제후들이 혜왕을 따라 하자 얼마 안 가 제帝라는 호칭이 등장했다. 진나라 소왕과 제나라 민왕이 썼던 제는 주변 국가의 반발로 금세 철회되었지만 왕을 넘어서고자 했던 당대 제후들의 욕망을 반영한 명칭이었다.

황제는 이렇게 후, 공, 왕, 제 들로 한 급씩 높아져 갔던 이름 사다리 놀이를 종결시킨 호칭 종결자였다. 이 호칭은 앞의 기사가 알려주듯 전설 속 임금들인 삼황오제에서 따온 것이었다. 문헌마다 가

진시황릉 외곽에서 발굴된 병마용갱.
고대 중국의 순장 풍습을 인형으로 대신해 계승한 것이다.
진시황이 지녔던 권력의 어마어마한 크기를 보여 준다.

리키는 대상이 다르지만 『사기』를 따른다면 삼황은 천황, 지황, 태황이었다. 오제는 황제(黃帝, 皇帝가 아니다), 전욱, 제곡, 요, 순이었다. 이들은 모두 신격을 지닌 신성한 존재였다.

이를테면 황제黃帝는 용이 끄는 마차를 타고 다녔다는 전설적인 제왕이었다. 그는 중국 한족의 시조이자 스스로 수레와 배, 솥과 시루를 발명하고 신하들에게 한자와 의술, 음악을 발명하도록 시켰다는 문명 창조자였다. 제곡은 새 머리에 원숭이 몸뚱이를 한 신비한 임금이었다. 그는 하늘에서 상제 노릇 할 때 하늘과 땅을 이은 사다

● 논어를 읽기 전

리를 없애 버렸다고 한다.

　그러니까 황제皇帝는 중국을 통일한 진나라 왕 정이 스스로를 신성한 존재로 격상시키기 위해 만들어 낸 호칭이었다. 이후로 그는 진나라의 첫 황제 진시황제가 되었다. 아방궁, 만리장성, 진시황릉들은 모두 황제의 신성함을 과시하는 건축물이었다. 당대에 그 위세를 꺾은 이는 아무도 없었다.

여러분 모두 도착할 날짜를 어겼으니 목이 잘려
죽을 일만 남았습니다. 장사가 죽지 않으면
그뿐이고, 죽어야 한다면 들고 일어나 이름이나
크게 한번 떨쳐야 하지 않겠습니까.
왕이나 제후나 장군이나 재상의 씨가
어디 따로 있겠습니까

公等皆失期當斬 且壯士不死則已
死則擧大名耳 王侯將相 寧有種乎

― 公等皆失期當斬 且壯士不死則已 死則擧大名耳 王侯將相 寧有種乎 ―
공등개실기당참 차장사불패즉이 사즉거대명이 왕후장상 영유종호

公 공평할 공: 고대 중국에서 자구와 비슷하게 남을 일컫는 존칭으로도 쓰였다. 等 무리 등
皆 다/모두 개 失 잃을 실 期 기약할 기 斬 벨 참: 주나라 시대에 목을 베는 형벌을 일컬었
다. 且 또 차 壯 장할 장: 장하다는 크다, 우람하다, 훌륭하다는 뜻이다. 死 죽을 사 擧
들/날 거 耳 귀/~뿐/~니까 이 侯 제후 후 將 장수 장 相 서로/재상 상 寧 차라리/어
찌 녕 種 씨 종 乎 어조사/~에/~인가 호

왕후장상의 씨가 어디 따로 있는가

진시황은 스스로를 황제로 칭하면서 자신의 후대가 2세 황제, 3세 황제, 100세 황제, 만 세 황제 식으로 끝없이 이어지기를 원했다. 그러나 진나라는 그가 죽고 2세 황제 호해가 등극한 지 3년 만에 망했다. 그 이유 가운데 하나가 진승의 반란이었다.

당시 진승은 국경 경비병으로 징발되어 900여 명의 무리를 이끌고 북경 근처로 이동하고 있었다. 그런데 중간에 큰비를 만나 명령받은 기한을 지킬 수 없게 되었다. 진나라 법은 지각 같은 경범죄라도 처벌이 무거웠다. 그래야 더 중한 범죄를 없앨 수 있다는 엄벌주의 원칙 탓이었다. 진승 무리에게 적용될 형벌도 사형이었다.

이때 진승이 반란을 선동하며 했던 말이 왕후장상王侯將相의 씨가 따로 없다는 말이었다. 이래도 죽고 저래도 죽을 바에야 왕후장상의 꿈이라도 한번 꿔 보자는 말. 누구나 왕후장상이 될 수 있다는 이 말이 던진 메시지는 강렬했다.

무리는 즉각 진승의 말에 호응했다. 진나라의 엄한 법과 잦은 부역으로 고생하던 각 지역 농민과 하층민도 가세했다. 반란군은 몇 달이 안 가 수만 명으로 불어났다. 멸망했던 제, 연, 초 같은 전국시대의 옛 나라들도 혼란한 분위기를 틈타 되살아났다.

그렇지만 진승의 기세가 오래가진 못했다. 진승은 옛 초나라 이름을 빌려 왕위에 올랐지만 왕으로서 자질이 부족했다. 그는 '벼락' 왕답게 교만을 떨고 위세를 부렸다. 부하들에게도 가혹했다. 그러다 진나라 진압군에게 한 번 패하자 대열은 금세 흐트러졌다. 진승도 그의 전차를 몰던 운전병에게 죽었다. 반란은 6개월 만에 진압되었다.

이는 우발적인 반란이 흔히 겪는 경로였다. 그러나 진승은 죽었지만 그의 말이 퍼뜨린 씨앗은 죽지 않았다. 진승과 그의 부하들이 잠시나마 누렸던 왕후장상의 자리는 이내 다른 사람들로 메꿔졌다. 그 중에 몰락한 옛 초나라 장군 가문 출신의 항우와 시골 관리 출신의 유방, 그리고 그들의 부하들이 있었다. 진나라는 이 두 사람의 군대에 의해 멸망했다.

● 논어를 읽기 전

내가 군사를 일으킨 지 이제 팔 년이오.
직접 전투에 참가해 일흔 번 넘게 싸웠지만
여태껏 진 적이 없어요. 그랬는데 끝내
여기에서 헤어날 길 없는 곤경에 빠져 버렸소.
이는 하늘이 날 망하게 한 탓이지
내가 싸움을 못한 죄가 아니오

吾起兵至今八歲矣 身七十餘戰 未嘗敗北
今卒困如此 此天之亡我 非戰之罪也

— 吾起兵至今八歲矣 身七十餘戰 未嘗敗北今卒困如此
오 기 병 지 금 팔 세 의 신 칠 십 여 전 미 상 패 배 금 졸 곤 여 차
此天之亡我 非戰之罪也 —
차 천 지 망 아 비 전 지 죄 야

吾 나 오 起 일으킬 기 至 이를 지 八 여덟 팔 歲 해 세 身 몸 신 七 일곱 칠 十 열 십
餘 남을 여 戰 싸움 전 未 아닐 미 嘗 맛볼/일찍 상 敗 패할 패 北 북녘 북/달아날 배
卒 마칠 졸 困 곤할 곤: 곤하다는 지치다, 힘들다, 어렵다는 뜻이다. 如 같을 여 此 이 차

하늘이 날 망하게 했다 – 천지망아天之亡我

한漢나라 유방의 군대에게 쫓기던 초楚나라 항우가 죽음을 예감하고 부하들에게 했던 말이다. 그는 자신의 말대로 간혹 승패를 가름하지 못한 적은 있어도 진 적은 없었다. 오직 마지막에 단 한 번 크게 패했을 뿐이다. 그 한 번의 패배가 그를 죽음으로 이끌었다.

항우는 진승의 반란이 실패한 이후 가장 두각을 나타낸 장수였다. 당시 형세는 전국 시대 말기와 비슷했다. 전국 시대 말기의 여섯 나라가 진승의 반란을 틈타 되살아났지만 진나라 진압군에게 몰리고 있었다. 위가 무너졌고 조나라는 위태로웠다.

이 형세를 반전시킨 이가 항우였다. 그는 조나라 왕이 거록성으로 도망가 구조 신호를 보내자 그곳으로 출동해 진나라 주력군 20만을 깨 버렸다. 2세 황제 3년(기원전 207)의 일이었다. 이 싸움이 진나라 멸망의 변곡점이었다. 진나라 조정에선 내분이 일어났다. 진나라 군대의 투항도 늘었다. 다음 해 진나라는 멸망했다.

그러나 항우는 정치를 몰랐다. 그에겐 전쟁의 승리가 곧 정치의 끝이었다. 스스로 서초 패왕의 자리에 올라 전후 처리를 주도했지만 정세를 안정시키기보다 불안 요인만 키웠다. 자신을 직접 도와 싸운 이들만 챙기고 후방이나 다른 지역에서 싸운 이들의 공은 무

● 논어를 읽기 전

장기는 초나라와 한나라 사이의 전쟁을 게임으로 재현한 것이다.
그만큼 항우와 유방의 대결이 후대에 남긴 인상은 강렬했다.

시했다. 멸망한 진나라 군사나 백성도 함부로 대했다. 20만의 포로를 반역에 대한 의심만으로 몽땅 생매장시킨 적도 있었다.

정국은 다시 요동쳤다. 각 지역에서 항우에게 불만을 품은 이들의 반란이 잇따랐다. 그때마다 항우는 용감히 나아가 반란을 진압했다. 그는 싸울 때마다 승리했다. 그렇지만 이기면 이길수록 고립되어 갔다. 동쪽을 진압하면 서쪽에서 들고일어났다. 서쪽을 치면 북쪽이 말썽이었다.

이 과정이 5년 동안 지속되었다. 그의 주위엔 연합군과 백성이 사라지고 직속 군대만이 남았다. 반면에 항우의 경쟁자 유방은 패배한 각지의 토착 세력들을 자기 수하로 끌어들이는 데 성공했다. 이것이 승패를 갈랐다. 항우의 군대는 여전히 용감했다. 하지만 보급선이 끊겨 식량이 바닥났기 때문에 전쟁을 더 지속할 수 없었다. 그 뒤를 유방의 군대가 덮쳤다.

항우의 말은 옳았다. 그의 곤경은 싸움을 못한 죄가 아니었다. 오히려 싸움만 너무 잘한 죄였다. 앞서 했던 말은 그가 끝까지 자신을 따랐던 기병 스물여덟 명을 앞에 두고 한 말이다. 항우는 말을 끝낸 뒤 단신으로 적진에 뛰어들어 100여 명 이상의 한나라 군사를 혼자 베었다. 그리고 자결로써 생을 마감했다. 항우는 마지막 순간까지 지는 모습을 보이려 하지 않았다.

● 논어를 읽기 전

말 위에서 천하를 얻으셨지만
말 위에서 어떻게 천하를 다스리겠습니까.
상나라 탕왕과 주나라 무왕도 반역으로
천하를 차지했지만 순하게 다스려
천하를 지켰습니다. 나라를 오래도록
이어 가려면 붓과 칼을 함께 쓰셔야 합니다

馬上得之 寧可以馬上治之乎 且湯武 逆取而
順守之 文武竝用 長久之術也

— 馬上得之 寧可以馬上治之乎 且湯武 逆取而順守之 文武竝用 長久之術也 —
마상득지 영가이마상치지호 차탕무 역취이순수지 문무병용 장구지술야

馬 말 마 可 옳을 가 治 다스릴 치 武 군사/무기 무 逆 거스를 역 取 가질 취 順 순할
순 守 지킬 수 竝 나란히 병 用 쓸 용 久 오랠 구 術 재주 술 가이可以: 가히 ~할 수
있다.

유학자의 시선

통감절요 밑바닥에 깔린 유학자의 시선을 느낄 수 있는 말이다. 모든 역사엔 누군가의 시선이 담겨 있다. 기록자 아니면 편집자 또는 해설자나 번역자의 시선이다. 통감절요에도 『자치통감』의 저자인 사마광이나 편집자 강지 같은 송나라 시대 유학자의 시선이 배어 있다. 그 시선은 진시황처럼 무력과 폭력, 형벌을 중시했던 임금에 대해 비판적이었다.

그러나 황제 자리에 오른 유방 즉 한고조 역시 5년간 전쟁을 통해 항우를 물리치고 천하를 얻은 이였다. 그도 항우만큼 무인 기질이 강했다. 옛일만 들먹이는 유학자도 싫어했다. 유학자를 만나면 관을 벗겨 오줌을 싸고 욕을 해 댔다는 기록이 남아 있을 정도이다.

앞의 말도 한고조에게 욕을 얻어먹은 유학자 신하가 주눅 들지 않고 대꾸했던 말이다. 육가陸賈라는 신하였다. 그는 말할 때마다 『시경』왈 『서경』왈 하면서 옛날 책을 인용하기 좋아했다. 고조는 이런 육가의 태도가 마음에 들지 않았다.

그때 고조가 했던 욕을 요즈음 말투로 바꾸어 보면 "야, 임마! 됐거든. 내가 말 위에서 싸우면서 천하를 얻었지 『시경』이나 『서경』 따위를 배워서 천하를 얻은 게 아니거든." 대충 이런 내용이었다.

이에 대한 육가의 대답이 바로 말 위에서 천하를 다스릴 수 없다는 충고였다. 고조는 그럴듯한 대답에 자세를 바로잡고 육가를 높였다. 옛 책에 대한 태도도 고쳤다.

비슷한 사건은 그 이전 진시황 때에도 벌어졌다. 진시황이 마흔일곱 살 되던 해(기원전 213) 그의 장수를 기원하는 연회장에서였다. 이때는 순우월이라는 학자가 옛것을 배워야 한다고 주장했다. 그러자 승상이었던 이사가 이를 비판했다. 옛것을 기준으로 현실을 비방하는 짓이 백성을 현혹시키고 혼란스럽게 한다는 이유에서였다.

그는 학자나 정치가가 현재의 것 즉 진나라 법령만 배우면 충분하다고 주장했다. 한술 더 떠 『시경』이나 『서경』 같은 옛 책을 모두 불태우고, 옛날 책을 인용하는 사람도 죽이라고 권유했다. 진시황은 이사의 주장을 따랐다. 유학자들은 진나라 왕조가 오래가지 못한 이유를 진시황의 이런 극단적인 정책 때문이라고 믿었다.

— 통감절요에 나오는
전국 시대와 진한 시기 고사성어 —

● 문경지교 刎頸之交 목(頸)을 베어(刎) 줄 수 있는(之) 사귐(交). 목숨을 내어놓아도 아깝지 않을 만큼 친한 사이나 그런 사귐을 이르는 말.

조나라 혜문왕 시기에 염파 장군과 재상 인상여 사이의 다툼과 화해를 다룬 기사에 나온다. 이 둘이 조나라 조정에 버티고 있었을 때 진秦나라는 조나라를 함부로 넘보지 못했다.

● 원교근공 遠交近攻　면(遠) 나라와 사귀고(交) 가까운(近) 나라를 치는(攻) 전략.

위나라에서 도망친 범수가 연횡책의 일환으로 진秦나라 소왕에게 제안한 외교 전략이다. 진나라와 거리가 먼 제나라, 연나라 등과 동맹을 맺고 가까운 한나라나 위나라를 먼저 공격해야 한다는 책략이었다. 이 책략의 성공으로 진나라는 후대에 중국을 통일할 수 있었다.

● 절치부심切齒腐心　이(齒)를 갈고(切) 속(心)을 썩임(腐). 원통하고 분한 마음이 매우 심함.

진나라에서 죄를 짓고 연나라로 도망쳐 와 살던 번오기가 진나라 정(진시황)을 암살하려던 형가에게 했던 말이다. 그는 이 말로써 진나라 왕에 대한 복수심과 원망을 표현했다. 형가는 진나라 왕의 환심을 사기 위해 번오기의 수급을 미끼로 쓰고자 했다. 번오기는 자결해 목을 내어 줌으로써 형가를 도왔다.

● 지록위마指鹿爲馬　사슴(鹿)을 가리켜(指) 말(馬)이라고 한다(爲). 사람을 속이거나 겁주면서 권세를 부림.

진나라 승상이었던 조고가 2세 황제 호해에게 사슴을 선물로 바치며 말이라고 했던 데서 나온 고사이다. 그는 자신의 말에 맞장구치지 않고 사슴이라며 진실을 말했던 신하를 눈여겨 봐 두었다가 모두 숙청했다. 조고의 교활한 정치는 진나라 멸망의 중요한 원인 가운데 하나였다.

● 의수야행衣繡夜行 비단옷(繡衣) 입고 밤(夜)길 거닐기(行). 출세를 하거나 성공해도 남들이 알아주지 않으면 소용없다는 말. 아무도 알아주지 않는 헛된 짓을 가리키기도 한다. 금의야행錦衣夜行과 같은 말.
항우의 낭만적 기질을 보여 주는 비유이다. 항우가 진나라 수도를 점령하고 한창 기세를 올릴 때였다. 한생이란 선비가 입지 조건이 여러 모로 유리하다며 진나라 땅에 새 나라의 도읍을 정하는 게 좋다고 충고했다. 항우는 이 비유를 들어 거절한 뒤 자신의 성공을 자랑할 수 있는 고향 땅으로 철수했다. 얼마 안 가 진나라 땅은 유방의 세력권으로 편입되었다.

● 구상유취口尚乳臭 입(口)에서 아직(尚) 젖비린내(乳臭)가 남. 어리거나 어리석음.
유방이 자신의 수하인 한신과 대적할 적군의 장군을 평했던 말이다. 그는 이 말을 하면서 전투의 승리를 예상했고, 예상은 맞아떨어졌다.

● 천려일실千慮一失 천려일득千慮一得 똑똑한 이도 천 번(千) 생각
하다(慮) 보면 한 번(一)은 실수하고(失) 어리석은 이도 천 번(千) 생
각하다(慮) 보면 한 번(一)은 얻어(得) 쓸 만한 의견을 낸다. 하찮은
의견에도 귀를 기울여야 한다는 말.

한신에게 패한 조나라 장수 광무군이 했던 말에서 나왔다. 광무군
은 자신을 함부로 대하지 않았던 한신에게 패장의 겸손함을 담아
이 말을 하면서 연나라에게 이길 계책을 내놓았다. 한신은 이 제안
을 받아들여 연나라를 손쉽게 정복할 수 있었다.

● 양호유환養虎遺患 호랑이(虎)를 길러(養) 근심(患)을 남김(遺). 훗
날 크게 사고를 치거나 손해를 입힐 만한 불행의 씨앗을 그대로 내
버려 두어 키운다는 말.

한나라 유방이 초나라 항우를 물리치는 결정적 계기가 되었던 말이
다. 항우와 강화 조약을 맺은 뒤 군대를 철수하려던 유방에게 장량
과 진평이란 신하가 간언했던 말에 나온다. 유방은 그들의 조언에
따라 동쪽으로 철수하던 항우 군대의 배후를 덮쳤다. 이미 보급선
이 끊어져 있던 항우의 군대는 허무하게 무너졌다.

● 사면초가四面楚歌 사방(四面)에서 들리는 초나라(楚) 노래(歌). 빠
져나오기 어려운 궁지에 몰린 상황을 비유하는 말.

유방의 군대에게 겹겹이 포위당한 항우의 군대를 다룬 기사에 나온
다. 당시 항우의 군대는 막다른 지경에 몰려 있었다. 유방의 군대는

● 논어를 읽기 전

사방에서 일부러 초나라 노래를 불렀다. 항복하거나 변절한 초나라 군사들이 많음을 과시해서 적군의 사기를 떨어뜨리려는 행위였다. 항우는 그 노랫소리를 들으며 자신의 죽음을 예감했다.

● 토사구팽兎死狗烹 토끼(兎)를 죽이면(死) 사냥개(狗)를 삶는다 (烹). 쓸모 있을 때만 이용해 먹다가 버림.
한신은 그가 없었다면 한나라의 중국 재통일이 불가능했을 정도로 전공이 컸던 장수였다. 그러나 전쟁이 끝난 뒤 황제 유방은 한신을 사로잡아 왕이었던 그의 신분을 낮추고 권력을 박탈했다. 반역의 가능성을 의심해서였다. 토사구팽은 그때 한신이 체포되면서 외쳤던 말에서 나왔다.

● 다다익선多多益善 많으면(多) 많을수록(多) 더(益) 좋음(善).
반 연금 상태에 처해 있던 한신이 황제 유방과 군사에 관한 대화를 나누는 과정에서 나온 말이다. 한신은 유방이라면 10만 명의 군사밖에 지휘할 수 없지만 자신은 군사가 많으면 많을수록 더 좋다고 자부했다. 이어 허허 웃고 있는 유방에게 황제의 능력은 자신과 같은 장수를 잘 거느린 데 있다며 유방을 치켜세웠다. 한신의 회한이 느껴지는 고사이다.

● 곡학아세曲學阿世 바르지 못한(曲) 학문(學)으로 세상에(世) 아부함(阿).

한 경제와 무제 때 신하이자 유학자였던 원고가 후배 관리였던 공손홍에게 남긴 충고에서 나왔다. 원고는 황제 앞에서도 할 말 못 할 말 가리지 않고 '돌직구'를 날리는 관리였지만 공손홍은 그렇지 않았다. 그런 태도에 대한 거부감을 담은 말이었다.

● 구마지심狗馬之心 개(狗)와 말(馬)의(之) 충심(心). 임금에 대한 충성스러운 마음.
한 무제 때 신하였던 급암은 황제의 낯빛을 바꿀 정도로 직언을 자주 했던 학자였다. 급기야 고위직에서 파면된 뒤 지방 태수로 좌천되었다. 이때 황제에게 올린 하소연에서 나온 말이었다. 급암은 황제 곁에서 충성을 다하며 명예를 지키고 싶어 했지만 받아들여지지 않았다.

● 논어를 읽기 전

四

어린이 학문

소학

소학은 조선 시대 선비들이 어린이 교육에서 가장 중요하게 여겼던 교재였다. 앞 장에서 다룬 천자문이나 통감절요 같은 책들은 널리 애용되긴 했어도 아이들 교재로서 한계도 분명했다. 천자문은 내용이 지나치게 압축적이었다. 동몽선습은 쉬웠지만 간략했다. 통감절요 또한 어린이 대상으로 저술된 책이 아니라는 약점을 지니고 있었다.

이들 책에는 아이들이 일상에서 직접 실천할 수 있는 가르침이 거의 없었다. 그런데 유학자들에겐 일상 속 가르침이 중요했다. 유학 이념에 따르면 어른에게 소용되는 지식을 먼저 아는 일보다 아이다운 태도와 자세를 확립하는 일이 선비 되는 공부의 출발점이었다.

소학은 이 빈 부분을 메꿔 주는 강력한 교재였다. 소학의 편저자는 조선 선비들이 존경심을 품고 따르던 주희(1130~1200)와 그의 제자인 유청지(1139~1195)였다. 조선 선비들은 주희를 받드는 것처럼 소학을 떠받들었다.

소학의 내용은 크게 내편과 외편으로 갈린다. 내편은 다시 공부의 원칙을 세워 주는 입교, 인간관계 속에서 사람 사는 길을 밝혀 주는 명륜, 몸과 마음 닦는 방도를 알려 주는 경신, 옛 사람의 삶을 살피는 계고로 나눠져 있다. 외편은 과거 인물들의 좋은 행동과 말을 모아 놓은 선행과 가언으로 구성된다.

● 논어를 읽기 전

구성만 놓고 보면 소학은 아이들이 지켜야 할 생활 규칙과 예절 모음집에 가까웠다. 내편의 입교, 명륜, 경신 편에 이런 특징이 잘 드러난다. 여기에 나오는 규율과 행동 규범은 이부자리 개고, 청소하고, 밥 먹고, 옷 입고, 손님 맞고, 공부하고, 잠자리에 들기까지 아이가 겪을 만한 거의 모든 상황을 다루고 있다. 조선 시대 선비 집안 아이들은 요즈음 어린이가 영어 단어 외우듯이 소학이 펼쳐 놓은 규칙을 매일 몸으로 익혀야 했다.

뒷부분인 내편의 계고 편과 외편의 선행, 가언 편은 이 앞부분의 가르침을 여러 유명 인물의 말과 행동 속에서 재확인하는 구조를 띠고 있다. 앞부분의 내용을 위인전 형식을 차용해 되새김질했다고 볼 수 있다. 이는 분명 어린이의 눈높이를 고려한 처사였다.

소학은 천자문이나 동몽선습과 달리 생활 속 세세한 부분까지 건드린 책이었다. 이 때문에 현대적 관점에서 받아들이기 어려운 대목이 두드러진다. 특히 여성과 관련된 언급들은 현대 사회에서 수용할 만한 견해를 찾기가 힘들다.

소학을 읽을 때는 그것이 900여 년 전 선비 집안의 생활을 모델로 쓰였다는 점을 감안해야 한다. 여기서도 낡은 규정들에 억지로 의미를 부여하기보다 소학의 이념을 드러내는 구절 위주로 다룬다.

하늘에게 명령받은 것을 타고난
성질이라 하지. 이 성질에 따르는 것을
사는 길이라 하거든. 이 길을 잡고
몸과 마음 닦는 일을 가르침이라고 한단다
―자사선생*

子思子曰 天命之謂性
率性之謂道 修道之謂敎

― 子思子曰 天命之謂性 率性之謂道 修道之謂敎 ―
자사자왈 천명지위성 솔성지위도 수도지위교

思 생각 사 命 목숨/명령 명 謂 이를 위 性 성품/성질 성 率 거느릴/좇을 솔 敎 가르칠
교 修道: 어떻게 살아야 하는지, 어떤 길로 가야 하는지 같은 질문에 깨달음을 얻기 위
해 몸과 마음을 닦는 일이다.

해체신서와 성경직해 사이

1774년 일본에서 『해체신서解體新書』란 책이 출간되었다. '새로운 인체 해부 책'. 제목이 함축하는 뜻 그대로 인체 해부학 도서였다. 독일인이 쓴 『해부도Anatomische Tabellen』(1725)의 네덜란드 번역본을 스기타 겐파쿠杉田玄白(1733~1817)를 비롯한 일본 의학자들이 일본식 한문으로 옮긴 것이다.

이 책은 일본인이 한역을 거치지 않고 일본어로 번역한 최초의 서양 과학서였다. 오늘날 흔하게 쓰는 신경, 동맥, 연골, 쇄골, 맹장, 십이지장 들이 이 책에서 처음 선보였거나 기존 뜻과 다르게 새 의미를 부여받은 번역 한자어였다. 그 뒤 『해체신서』의 선례를 따라 의학, 천문학, 지리학, 포술, 제철 등 서구 과학 기술을 다룬 네덜란드 책들이 대거 일본어로 번역되었다. 『해체신서』는 전통적 지식 체계와 사유의 해체를 알리는 신호탄이었다.

전통 유학에서 교육이란 사람으로서 가야 할 길을 깨우쳐 주는 것이었다. 유학자들은 이 길을 발견이나 탐구, 정복, 상거래 행위에서

• 자사子思 또는 자사 선생(자사자)으로 불리는 공급孔伋은 공자의 손자이다. 춘추 전국 시대의 유학자(기원전 483?~기원전 402?)로 노나라 목공의 스승이었다. 사서의 하나인 『중용』의 저자로 알려져 있지만 이를 의심하는 학자도 많다.

• 논어를 읽기 전

구하지 않았다. 자신과 가까운 부모, 아내 또는 남편을 비롯해 친구, 윗사람, 임금과 맺는 관계를 어질고 따뜻하게 또는 정의롭게 잘 풀어 가는 데서 찾았다. 그들은 이 관계 맺기가 타고난 성질 즉 인간 본성을 지키는 일이자 그 본성에 올라탄 하늘의 뜻에 부합하는 행위라고 믿었다.

유학자들이 보기에 인간은 하늘에서 도덕적이거나 윤리적인 사명을 받아 안고 이 땅에 태어났다. 산다는 것은 그 사명을 완수하는 일이었다. 이 과정에 자연법칙에 대한 사유가 끼어들 여지는 적었다. 『해체신서』가 해체한 것이 이런 관점이었다. 『해체신서』의 번역자들은 해부해 놓은 인간의 몸속에서 하늘이 명령한 사명의 흔적을 찾지 않았다.

그렇다면 당시 조선은 어땠을까? 조선에서도 전통 사유를 해체하는 번역의 움직임이 있었을까? 있었다. 비록 중국에서 서양 문명 소개를 위해 한문으로 번역되거나 저술되었던 한역 서학서를 중역하긴 했지만 조선에서도 언문 즉 한글 번역 작업이 있었다.

그러나 수백 종 가깝게 수입되었던 한역 서학서들 가운데 조선의 번역자들이 굳이 한글로 번역한 책은 과학책이 아니었다. 성경이나 천주교 교리서, 신학서 같은 종교서였다. 당시 유학은 현실 대응 능력을 점차 상실해 가고 있었다. 그들은 한역 서학서에서 유학 이념을 보완하거나 대체할 대안 윤리를 찾고 싶어 했다.

이를테면 통역 업무를 맡아보던 역관이자 천주교 신도였던 최창현이 1790년대에 번역한 『성경직해광익』이 그런 책이었다. 줄여서

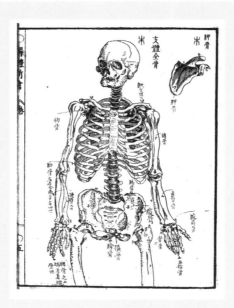

『해체신서』의 뼈와 뼈마디 편 일부. 오늘날 해부도와 크게 다르지 않다.

성경직해라고도 하는 이 책은 유럽 선교사들이 지은 『성경직해』와 『성경광익』을 한글로 번역해 한 권으로 묶은 필사본이었다. 제목이 암시하듯 성경에서 뽑아 낸 중요 구절과 그에 대한 해설을 담고 있었다.

여기까지 놓고 보면 두 나라에서 서구 문명을 대했던 태도 차이가 두드러진다. 조선이 이념적 종교적이었다면 일본의 접근 태도는 다분히 실용적이었다. 일본 쪽 태도는 그들이 조선과 청나라에 앞서 서구화의 길로 나아가게 하는 사상적 토대로 작용했다. (한때 세간에

　● 논어를 읽기 전

떠돌았던 말을 빌자면 '역시 일본'이었다.)

　그러나 『해체신서』의 인체 해부와 731부대의 인체 실험은 종이 한 장 차이였다. 일본 제국의 731부대는 중일 전쟁과 태평양 전쟁 기간 동안 살아 있는 포로를 실험하고 해부하면서 그들이 어떻게 죽어 가는지를 기록했다. 세균 무기 개발과 의학 발전이 명분이었다. 이는 인간 몸에 대한 실용적 호기심과 탐구가 인류적 가치에 대한 고민과 맞물리지 않았을 때 얼마만큼 참혹해질 수 있는지를 보여 주는 전쟁 범죄였다. 『해체신서』 번역자들의 후예인 일본 의학자들은 이런 폭주에 저항하기보다 적극 협력했다.

　그러므로 오늘날 시각에서 되돌아보면 『해체신서』의 시선만이 앞서 갔다고 보기 어렵다. 오히려 아쉬운 대목은 18세기 후반 서양 문명에 반응했던 조선과 일본 간의 두 시선이 상호 교류와 자극을 통해 소통되지 않았다는 점이다. 당시 유럽에서는 사상가들의 망명이 이질적인 세계관의 교류를 촉진시켰다. 조선과 일본 사이에선 그런 일이 일어나지 않았다. 둘은 너무 늦게 만났다.

하늘과 '하늘 천天'

하늘은 흔하게 쓰는 일상어이지만 꼼꼼하게 따져 보면 뜻이 간단치 않다. 가을 하늘이나 밤하늘의 하늘이야 눈에 잡히는 뜻이라 논란의 여지가 없다. 그러나 "네, 이놈! 하늘이 무섭지 않으냐." "하늘이

날 망하게 했다." "사람 목숨은 하늘에 달렸다."와 같은 옛말 속의 하늘은 사정이 달랐다.

여기에서 하늘은 땅과 바다 위로 펼쳐진 끝없는 공간만을 지시하지 않는다. 그것은 세상을 떠맡아 주재하는 하늘 아니면 사람의 운명이나 수명을 지어 주는 하늘이었다. 인간의 힘으로 어찌할 수 없는 대상, 도덕적 가치나 질서의 근원이 되는 하늘이기도 했다.

이 하늘이 언제나 선비의 공부 대상이었다. 그들은 하늘의 뜻이나 이치 또는 명령을 가리키는 천리天理, 천도天道, 천명天命 같은 개념으로써 하늘을 파악하고자 했다. 공부의 최종 목표 가운데 하나는 천리나 천명을 깨우치고 생활 속에서 실천하는 것이었다.

소학을 읽다 보면 책 제목을 '위아래를 아는 법'으로 바꿔 부르고 싶을 때가 많다. 그만큼 소학에 나오는 생활 규범이나 태도, 예절은 상하 질서를 세밀하게 강조한다. 가족 내에서는 아버지가 위였다. 마을과 동네에서는 나이 든 사람이 위였다. 궁궐에서는 임금이 위였다.

아래가 위를 대하는 법은 위가 아래를 대하는 법과 달랐다. 태도, 행위, 몸짓, 말투가 다 달랐다. 상황에 따른 처신도 달랐다. 이 차이는 배움 없이 저절로 알 수 없었다. 공부, 공부, 또 공부와 반복적인 연습이 필요했다. 그 공부의 끝에 하늘이 놓여 있었다. 하늘, 좀 더 엄밀히 말해 '천天'은 위아래의 꼭대기, 임금보다 더 윗자리에 놓인 개념이었다.

● 논어를 읽기 전

젊은이, 집에 들어가면 효도하고 밖에 나오면
윗사람에게 잘하게. 말이나 행동은 조심스럽게
믿음이 가게 하고, 널리 사람을 사랑하되
너그럽고 따뜻한 사람을 가까이해야지.
그러고도 힘이 남으면 그제서야 글을 배우는 게야

—공선생

孔子曰 弟子入則孝 出則弟 謹而信 汎愛衆
而親仁 行有餘力 則以學文

— 孔子曰 弟子入則孝 出則弟 謹而信 汎愛衆 而親仁 行有餘力 則以學文 —
공자왈 제자입즉효 출즉제 근이신 범애중 이친인 행유여력 즉이학문

弟 아우/공경할 제: 공경하다란 뜻으로 쓰일 때는 공경할 제悌와 통용된다. **入** 들 입 **謹** 삼
갈 근 **汎** 넓을 범 **愛** 사랑 애 **衆** 무리 중 제자**弟子**: 두 갈래 해석이 가능하다. 스승의 제
자 아니면 집안의 자제子弟된 이. 이 책에선 후자를 따랐다. 자제는 남의 집 아들이나 그 집안
젊은이를 가리킨다.

덕이냐 지성이냐

덕이냐 지성이냐. 이 질문에 서슴없이 지성 편을 든 이가 후쿠자와 유키치福澤諭吉(1835~1901)였다. 그는 19세기 후반기에 일본의 근대를 대표하는 사상가이자 교육가, 번역가였다. 『서양사정』이나 『학문의 권장』, 『문명론의 개략』 같은 책을 쓴 베스트셀러 작가이기도 했다. 이들은 모두 서양 문명과 학문의 습득을 강조한 책이었다.

그가 살았던 시대는 무사 계급이 통치력을 행사하던 낡은 일본이 무너지고 천황 중심의 새로운 일본 제국이 형성되던 때였다. 일본이 미국의 개항 압력에 굴복한 뒤 미국, 영국, 러시아 등과 통상 조약을 맺은 때가 1850년대였다. 그 이후 일본은 서양의 정치 제도나 교육 체계, 산업 조직, 군사 기술 들을 전면적으로 수용하기 시작했다. 이 흐름의 이물에서 커다란 영향력을 행사한 인물이 후쿠자와 유키치였다.

그는 당대 일본의 최우선 과제를 새로운 학문 체계의 구축에서 찾았다. 그가 보기에 '공 선생과 맹 선생의 학문'은 덕에 치우친 한계를 지니고 있었다. 그들의 유학은, 앞서 인용한 공 선생 말에서 보듯이 사람 관계에서 요구되는 너그러움이나 따뜻함, 정의로움이나 헌신, 겸손함 같은 덕목의 습득을 우선시했다. 한자어로 보통 인의

● 논어를 읽기 전

예지仁義禮智라 부르는 가치, 후쿠자와의 글을 빌자면 '무형無形의 인의도덕仁義道德'이 전통 학문의 대상이었다.

이 구도에서 '지智'라고 설정된 지식 영역은 덕에 대한 앎을 뜻할 뿐이었다. 그러나 종교 개혁, 과학과 산업 혁명을 거친 서양 학문은 달랐다. 서양 학문에서 덕에 대한 학문 또는 도덕은 지리학이나 경제학, 의학같이 전체 학문의 한 부분에 지나지 않았다. 회계나 부기, 약초, 법률, 수학 등 전통적으로 천하게 취급되었던 일도 학문의 주요 대상이었다.

후쿠자와는 이렇게 덕으로 포괄할 수 없는 학문 영역을 자신이 인텔렉트intellect에 대응한다고 재규정한 '지智', 즉 지성이란 범주로 포착했다. 그래서 인의예지를 부르짖는 대신 '지덕智德'을 강조했다. 덕에 종속되어 있던 지성이란 범주를 독립시키고 덕에 앞세운 것이다. 그에게 서구화와 문명화는 무엇보다 학문의 발전을 의미했다. 그 핵심에 지적 능력의 향상과 확장이 놓여 있었다.

이 기획은 성공했다. 후쿠자와 개인의 업적으로만 돌릴 순 없지만 일본의 체제 전환과 발전 속도는 놀라웠다. 서양의 학문과 지식, 정보를 빠르게 대규모로 받아들였기 때문이다. 군사 제도는 프랑스와 독일에서, 교육 체계는 미국과 영국에서, 산업 조직은 네덜란드와 프랑스에서 배우는 식이었다. 이로써 일본은 서구 열강의 침략을 두려워하던 나라에서 불과 30~40여 년 만에 그들의 막내 노릇 정도는 할 수 있는 국가로 변신했다.

그렇지만 대가도 따랐다. 후쿠자와 이후로 덕으로 조율하던 지식

한국 지폐에 조선 정신을 대표하는 이이와 이황의 초상이 담겨 있듯
일본 1만 엔권 지폐에는 후쿠자와 유키치의 초상이 실려 있다.

은 과거에 지녔던 영광을 잃어버렸다. 사물을 아는 것은 곧 어여삐
여기는 것이고 어여삐 여기면 더 잘 알게 된다는, 유학이 이상으로
간직했던 지식 습득 패턴 역시 학문의 주류 공간에서 밀려났다.

이는 서양 문명과 지식 격차가 압도적으로 컸던 150여 년 전 현실
을 고려한다면 마땅한 선택이었는지도 모른다. 그러나 오늘날에는
어떨까. 후쿠자와가 타박했던 낡은 덕목이 이미 효력을 잃은 지 오
래인데도 그 빈자리를 메꿀 덕목이 사랑인지 신용인지 평등인지 정
직인지 자유인지 어수선한 현시대에도 여전히 지성이 앞일까.

후쿠자와 유키치

후쿠자와 유키치는 1835년 나카쓰번(현재 규슈 오이타 현의 일부 지역)
의 하급 무사 집안에서 태어났다. 어릴 때는 엄격한 분위기에서 한

● 논어를 읽기 전

학을 배우며 자랐다. 그러다가 스무 살(1854)에 나가사키에 유학해 네덜란드어를 배우면서 서양 학문에 눈을 떴다. 이후 네덜란드어의 효용성이 떨어진다는 사실을 깨닫고 독학으로 영어를 익혔다.

그가 이름을 떨치기 시작한 것은 1866년 『서양사정』 초판을 발간하면서부터였다. 이 책은 당대에 상당히 앞서 갔던 미국과 유럽 방문 경험을 바탕으로 서양 문명의 핵심을 요약 소개했다. 초판만 15만 부가 나갔고 해적판까지 합치면 수십만 부가 팔렸다고 한다.

그 뒤 훗날 게이오 대학이 되는 게이오기주쿠 설립(1867)에 관여하고, 100만 부 가까이 팔린 『학문의 권장』(1872), 서구화, 근대화의 방도를 좀 더 구체적으로 밝힌 『문명론의 개략』(1875) 등을 펴내면서 시대를 앞서 가는 사상가로 자리 잡았다.

말년엔 「시사신보」란 일간지를 창간(1882)하는 등 주로 교육 언론계에서 활동했다. 조선의 개화파인 서재필, 윤치호, 박영효, 김옥균들도 직간접으로 후원하며 영향력을 행사했다. 일본이 '아시아 대열에서 벗어나' 서양 제국이 약소국을 위협하거나 침략하듯 조선과 중국을 그리 대해야 한다는 탈아론(1885)을 주창한 때도 이즈음이었다.

한국인으로서 곱게 볼 수 없는 사상가, 그렇지만 서양 문명을 머리와 발로 소화해 낸 경험만큼은 되짚어 볼 여지가 많은 번역가 겸 작가, 후쿠자와는 그런 인물이었다.

효자가 부모를 섬기는 일이야, 집에 계실 땐
고마워하고, 모시게 되면 즐거워하고,
병이 들면 근심하고, 돌아가시면 슬퍼하고,
제사 지낼 땐 까다롭게 치르는 거야

—공선생

孝子之事親也, 居則致其敬, 養則致其樂,
病則致其憂, 喪則致其哀, 祭則致其嚴

— 孝子之事親也, 居則致其敬, 養則致其樂,
효자지사친야 거즉치기경 양즉치기락
病則致其憂, 喪則致其哀, 祭則致其嚴 —
병즉치기우 상즉치기애 제즉치기엄

事 섬길/일 사 ｜ 居 살 거 ｜ 致 이를 치 ｜ 敬 공경/고마 경 ｜ 養 기를/봉양 양: 봉양은 웃어른을
받들어 모시는 일이다. ｜ 樂 즐거울 락/음악 악 ｜ 病 병 병 ｜ 憂 근심 우 ｜ 喪 잃을 상 ｜ 哀 슬플
애 ｜ 祭 제사 제

효에 담긴 감성

소학에 나오는 말들은 어쩌면 머리보다 가슴으로 이해하기가 더 어려울지 모른다. 그 말들은 인이나 효, 예 같은 유학의 기본 개념 언저리를 자주 맴돈다. 그러나 그런 개념에 익숙해졌다고 해서 '공 선생 공부 끝!' 이렇게 선언할 수 있을까. 아마 대다수 유학자들은 '꺼져!' 이렇게 대꾸했을 것이다.

　앞에 나온 효자 운운하는 공자 말도 그렇다. 이 말에 담긴 내용은 지극히 소박하다. 상황에 맞게 진실된 감정이 자연스레 우러나와야 효라는 주장으로 요약된다. 그러므로 부모에게 잘해도 고마움을 느끼지 못한다면 효가 아니었다. 즐거움을 느끼지 못하는 일상이나 만남도 효가 아니었다. 근심 없는 병 수발, 그리움 없는 제사도 효가 아니었다. 효란 지식에 앞서 감성이 걸린 문제였다.

　그런데 바로 이 점, 효에서 감성이 중요하다는 바로 이 사실이 효에 대한 이해를 더 어렵게 만든다. 논리적 문제라면 내용을 몰라도 유추하거나 추론할 수 있다. 그러나 감성은 다르다. 비슷한 환경에서 체험을 공유하지 않았다면 모르는 느낌을 상상해 봐야 감정의

• 이 문구는 『효경』 '기효행장'에 공자의 말로 실려 있다.

미국 캘리포니아 동부 죽음의 계곡에서 본 밤하늘. 가운데 아치형 은하가 빛난다.
19세기 말 전등이 발명되기 이전까지 옛 유학자들이 보았던 하늘은
지금의 도시 하늘보다 훨씬 더 어두웠다. 그에 반비례해 별들은 더 초롱초롱했다.
유학자들은 이런 하늘에서 느끼는 경외감, 경건함을 부모를 통해서도 느끼고자 했다.

찌꺼기만 알아챌 가능성이 크다.

부모에게 느끼는 고마움만 해도 그렇다. 현대인이 느끼는 고마움은 과거 유학자들이 느꼈던 그것과 결이 다르다. 오늘날 고마움은 세속화되었다. 누군가가 자신을 위해 무언가를 해 주었을 때 느끼는 감정이다. 그런데 과거에 고마움은 감정의 경계가 더 넓었다. 거기에는 받들다, 두렵다, 삼가다 같은 뜻이 내포되어 있었다. 공경, 경외, 경건 같은 뜻이다.

고마움에 담긴 이런 태도와 감정은 하늘을 우러를 때 느끼는 것과 결이 비슷했다. 다시 말해 유학자들 특히 성리학자들에게서 효의 감성이란 하늘에서 느꼈던 경외감, 경건함, 고마움의 감정에 뿌리를 대고 있었다. 그들은 그 감정을 자신을 낳은 부모와 부모를 낳은 그들 앞 세대 전부를 향해 투사하고자 했다.

현대 유전학의 성과를 빌리자면, 인간은 대략 500만 년 전 인간과 침팬지의 공동 조상 무리로부터 24쌍이었던 염색체가 23쌍으로 줄어들면서 탄생했다. 세대교체 주기를 20년으로 잡으면 현대의 '나'는 약 25만 번의 짝짓기가 단 한 차례의 끊김도 없이 이어진 결과물이다.

당연한 말이지만 유학자들이 유전학을 알았을 리 없다. 그들은 그 길고 긴 인간 종의 번식 과정을 음양의 조화와 변화라는 모호하고 성긴 개념으로 파악했다. 그리고 이 과정을 통해 인간 사회의 장구한 흐름, 그 영속성에 대한 감각을 기르고 키워 내고자 했다.

그러니까 효란 이 장구한 흐름 속에 놓인 부모를, 그 흐름을 이어 나갈 자식이 두렵게, 놀랍게, 고맙게 받드는 일이었다. 이에 딸린 감정을 과거를 살아 보지 않고 가슴으로 이해하기란 어려운 일이다.

'고맙다'와 '고마 경敬'

앞서 나온 '고마워하고'는 소학 원문의 '경敬'이란 한자를 번역한 말이다. 한자 사전을 검색하면 대개 공경하다, 삼가다 등으로 훈을 새기는 글자이다. 그래서인지 대다수 소학 책들은 경을 번역할 때 고맙다는 뜻을 살려 번역하지 않는다. 대신 '공경하고', '공경을 다하고' 이렇게 풀이한다.

그렇지만 조선 시대에는 경을 고마 경이라 새기기도 했다. 고맙다

의 어간이 되는 '고마'인데 당시에 고맙다는 말은 감사하다는 뜻 이
전에 공경하다, 존귀하다는 뜻을 지니고 있었다. 천자문과 비슷한
용도로 쓰였던 한자 학습서인 『신증유합』(1576)에 사례가 나온다.
이 책의 번역은 그 뜻풀이를 되살렸다.

논어를 읽기 전

발걸음은 조심스럽게 서두르지 않고 손은
다소곳하게 놓는다. 눈은 곱게 뜨고
입은 굳게 다문다. 말소리는 조용하게 내고
머리는 꼿꼿이 세운다. 기운은 의젓함이
서려 있고 서 있을 때는 너그러움이 비친다.
표정은 위엄 있게 짓는다
—예기

足容重 手容恭 目容端 口容止 聲容靜
頭容直 氣容肅 立容德 色容莊

— 足容重 手容恭 目容端 口容止 聲容靜 頭容直 氣容肅 立容德 色容莊 —
족용중 수용공 목용단 구용지 성용정 두용직 기용숙 입용덕 색용장

足 발 족 容 얼굴/모습 용 重 무거울 중 手 손 수 恭 공손할 공 目 눈 목 端 끝/바를
단 口 입 구 止 그칠 지 聲 소리 성 靜 고요할 정 頭 머리 두 直 곧을 직 肅 엄숙할
숙 立 설 립 色 빛 색 莊 씩씩할 장

선비 스타일은 왜 인기가 없을까

소학 교육은 일종의 스타일 교육이었다. 소학을 배우고 났을 때 얻는 것은 기술이나 기능, 지능이 아니었다. 사람을 대하는 표준적인 행위나 손짓, 말씨, 표정 같은 것이었다. 앞의 글은 그런 선비 스타일의 한 사례를 보여 주는 구절이다.

이 글에서 제안하는 태도나 몸가짐은 진지하고 엄격하다. 아마도 요즈음 젊은이나 아이들 가운데 이런 스타일을 따라 하고 싶어 하는 사람은 얼마 없을 것이다. 선비 스타일은 강남 스타일이 아니다. 현대 사회에서 인기 있는 스타일은 대개 유쾌 발랄하고 자유분방한 태도에 기대고 있다.

그렇지만 흔히들 오해하듯이 태도에 대한 엄격한 규제가 유학만의 전유물은 아니었다. 서양 문명의 본고장인 유럽 역시 올바른 태도에 대한 강조는 소학보다 더하면 더했지 덜하지 않았다. 이를테면 에라스뮈스가 1530년에 펴낸 『어린이를 위한 예절서De civilitate morum puerilium』도 눈매, 말씨, 표정, 몸짓, 음식 예절 들에 대한 세세한 규정들로 가득 차 있었다.

그 가운데 눈에 관련된 사항만 해도 그 항목이 소학을 뺨치는 수준이었다. 눈매를 곱게 하고 부릅뜨지 말라는 요구는 기본이었다.

DE CIVILI
TATE MORVM PVERILIVM
per DES. ERASMVM ROTE
rodamum libellus nunc primú
& conditus & æditus.

FRO BEN

BASILEAE, ANNO
M. D. XXX

Cum gratia & priuilegio Cæsareo.

『어린이를 위한 예절서』는 유럽판 소학이라 할
만했다. 그림은 1530년 바젤(스위스)에서 출간
된 책의 속표지이다.

그 외에도 눈을 두리번거리지 말기, 곁눈질하지 말기, 눈을 크게 뜨
지 말기, 한곳만 주시하지 말기, 눈꺼풀을 내리깔거나 깜빡이지 말
기 같은 규정이 제시되어 있었다.

　이 책이 유럽 사회에 끼친 영향력은 대단했다. 16, 17, 18세기 동
안 유럽 각국에서 판을 달리하며 찍어 낸 부수만 수백만 부에 달했
다고 한다. 소학이 조선 사회에 확산된 시기도 사림파가 정권을 장
악한 16세기 후반부터이니까 영향력을 끼친 시기도 소학과 비슷했
다. 다만 소학과 운명이 갈리는 결정적인 지점이 한군데 있었다.

　소학이 선비 스타일을 어린이에게 강요했다면 에라스뮈스의 책이
강요한 것은 일종의 변형된 수도사 스타일이었다. 그런데 이 수도
사 스타일은 가톨릭을 믿는 구세력에게만 영향력을 행사한 것이 아
니었다. 가톨릭에 적대적이었던 루터나 칼뱅 같은 개신교 세력에게

도 침투했다.

　그들은 색다른 예법을 새롭게 창조하기보다 수도사 스타일을 비판하고 재해석하면서 자신의 교육 스타일을 정립해 나갔다. 이로써 수도사 스타일은 기업가, 법률가, 상인, 수공업자 같은 신흥 세력의 일상생활에 깊은 흔적을 남겼다.

　이런 일이 조선 사회에선 일어나지 않았다. 선비 스타일은 선비의 몰락과 함께 퇴락해 갔다. 시대가 바뀌면서 스타일이 뒤떨어지더라도 스타일을 지켰을 때 보상이 따른다면 그 스타일은 매력이나 인기를 쉽게 잃지 않는다. 선비 스타일엔 그런 후광이 없었다. 이것이 선비 스타일이 인기 없는 이유일 것이다.

— 소학 예절 맛보기 —

● 집안의 모든 사람들은 닭이 울거든 얼굴 씻고 이 닦고 옷을 입는다. 베개와 잠자리를 걷고 방과 마루, 마당을 쓸고 닦는다. 이어 자리를 펴고 각자 할 일을 한다.

● 사람으로서 자식 된 이는 … 높은 곳에 올라가지 않고 깊은 곳에 들어가지 않는다. 상대방 기분을 좋게 하기 위해 남을 욕하거나 웃어 주지 않는다.

● 나이가 자신보다 갑절이 더 많으면 아버지처럼 대한다. 열 살 위라면 형처럼 대한다. 다섯 살 위라면 어깨를 나란히 하면서 살짝 뒤

　　　　　　　　　　　● 논어를 읽기 전

따라간다.

- 귀한 손님 앞에서는 개도 야단치지 않는다. 음식을 넘겨줄 때도 침이 튀지 않도록 한다.
- 어른이 주면 나이가 어리거나 지위가 낮은 사람은 거절하지 말고 받아야 한다.
- 어른을 따라 함께 밥을 먹을 때는 음식을 거듭 내오더라도 거절하지 않는다. 손님과 함께할 때도 그리한다.
- 가벼운 짐은 혼자 지고 무거운 짐은 나누어 맡지만 머리가 희끗희끗 센 사람에게는 짐을 들리지 않는다.
- 남이 주는 환대를 끝까지 누리지 않고 남이 주는 성의를 다 받지 않는다. 그래야 사귐을 처음 그대로 흠 없이 유지할 수 있다.
- 오만함은 기르지 않고 욕심은 따르지 않는다. 뜻한 일을 모두 이루지 않고 즐거움을 끝까지 누리지 않는다.
- 귀를 기울여 엿듣거나 소리 지르며 대답하지 말아야 한다. 눈웃음치며 곁눈질하거나 게으름을 피우며 풀어져 있지 말아야 한다.
- 성에 오르며 여기저기 손가락질하거나 성 위에서 크게 소리치지 말아야 한다.
- 시선이 상대방 얼굴 위로 향해 있으면 건방져 보이고 허리띠 아래로 내려가 있으면 근심이 많아 보인다. 머리를 기울여 흘깃대면 간사하다.
- 만일 바람이 거세게 불고 천둥이 심하게 치고 비가 세차게 내리면 비록 밤이 깊을지라도 반드시 일어나 옷을 차려입고 앉아 있는다.

● 남과 나란히 앉아 있다면 팔을 옆으로 뻗지 말아야 한다. 물건을 줄 때 서 있는 이에게 무릎 꿇고 주지 말고 앉아 있는 이에게 서서 주지 말아야 한다.

● 관직에 있는 이는 무엇보다 갑자기 화내는 일을 조심해야 한다.

● 오늘 한 가지 일을 기억하고 내일 한 가지 일을 기억하라. 이 일을 오랫동안 계속하면 저절로 세상 이치를 꿰뚫게 된다.

● 나물 뿌리를 씹어 먹으며 어려운 생활을 견뎌 낸 사람이라면 그 어떤 일이라도 할 수 있어.　　　　　　　　　　　　　　　— 왕신민

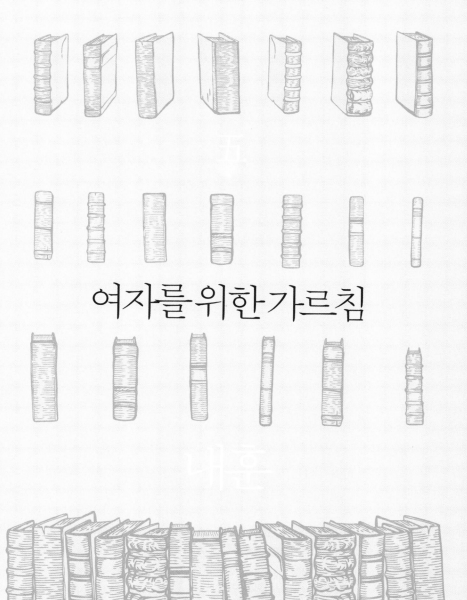

여자를 위한 가르침

조선 시대 선비 집안의 여자 아이들은 어떤 교육을 받았을까. 천자문이나 통감절요, 소학 같은 책들을 그들도 읽었을까. 답은 '집안에 따라 달랐다'이다. 조선 시대에 여자는 서당이나 향교 같은 정규 교육 기관에서 배우지 못했다. 교육은 집안에서 이루어졌다.

그러다 보니 가르치는 내용과 수준이 가문마다 편차가 심했다. 보통은 한문 공부보다 부녀자로서 지켜야 할 덕목과 집안 살림을 위한 실용 지식 습득을 강조했다. 그렇지만 가장의 학문 성향에 따라 남성과 동등한 수준으로 교육시키는 경우도 없지 않았다. 교재는 집에서 만들어 쓰는 경우가 많았다.

그래도 전한 시대의 학자였던 유향의 『열녀전列女傳』(여자들 이야기)이나 후한 시대 여성 학자였던 반소의 『여계女誡』(여자를 위한 잔소리) 같은 책이 집안을 가리지 않고 꽤 읽혔던 것으로 보인다. 앞 장에 나온 소학 역시 빠지지 않는 교재였다. 여기서도 『열녀전』과 소학의 요약본이라 할 수 있는 내훈이란 책 위주로 내용을 살핀다.

내훈은 소학과 『열녀전』에서 내용 대부분을 뽑고 여기에 『여교』와 『명감』이란 책에서 발췌한 항목을 더한 책이다. 『여교』와 『명감』은 저자나 책 내용이 현재 불확실하다. 편집자이자 번역자는 성종의 어머니인 소

● 논어를 읽기 전

혜 왕후(인수 대비) 한씨였고, 편찬 연대는 1475년(성종 6년)이었다.

내훈이 다루는 내용은 목표가 뚜렷했다. 여자가 며느리이자 아내로서, 엄마이자 집안의 관리자로서 지켜야 할 원칙과 태도를 알려 주는 것이었다. 애초에 왕실 여성에게 읽히기 위해 쓴 책인 만큼 임금 앞에서 취해야 할 예절도 비중 있게 다루었다. 이는 선비 집안 여인들에게는 필요 없는 지식이었지만 책의 권위를 높여 주었다.

그러나 내훈의 가장 큰 특징은 내용보다 편집 체재에 있었다. 내훈은 처음부터 언해본 즉 한글 번역본으로 출간된 책이었다. 언해본이 기본 교재 노릇을 했다는 뜻이다. 소학이나 통감절요 같은 책과 달랐다. 그 책들도 조선 중기를 넘어서면서 언해본이 출간되었지만 참고서 노릇만 했지 기본 교재로 쓰이지 못했다. 기본 교재는 어디까지나 한문본이었다.

내훈의 편집은 친절했다. 원문의 한자음은 물론 한자 사이사이에도 구결이 다 달렸고, 번역문 중간중간 어려운 한자에 대한 해설이 붙어 있었다. 여성 독자를 배려한 결과였다. 그래서 한자를 잘 몰라도 읽을 수 있었다. 내훈을 읽는 일은 곧 한글을 공부하는 일이기도 했다.

눈치 빠르고 재주 많고 똑똑해서 과거와 현재
일을 훤히 꿰뚫고 있을지라도 남편 옆에서 그가
부족한 부분을 채울 수 있도록 도와야지.
암탉이 새벽에 울어 화를 부르지 말아야 하니라

—안씨 가훈

顔氏家訓에 曰호디 如有聰明才智ᄒ야
識達古今이라도 正當輔佐君子ᄒ야
勸其不足이언뎡 必無牝鷄晨鳴ᄒ야
以致禍也ㅣ니라

— 顔氏家訓에 曰호디 如有聰明才智ᄒ야 識達古今이라도 正當輔佐君子ᄒ야
勸其不足이언뎡 必無牝鷄晨鳴ᄒ야 以致禍也ㅣ니라 —

顔 낯 안 氏 성씨 씨 訓 가르칠 훈 如 같을/만일 여 聰 귀밝을 총 才 재주 재 識 알 식
達 통달할 달 古 예 고 輔 도울 보 佐 도울 좌 勸 권할 권 足 발/족할 족 必 반드시
필 牝 암컷 빈 鷄 닭 계 晨 새벽 신 鳴 울 명 禍 재앙 화 군자君子 : 처음엔 상대의 높
은 지위를 가리키는 호칭이었으나 후대로 오면서 보통 사람을 높이기 위한 존칭으로 쓰였다.
김 사장님, 이 사장님 들에서 사장이 꼭 기업체 사장을 가리키지 않는 것과 비슷한 용법이다.
여기선 남편을 높였다.

그래도 암탉은 울었다

암탉이 울면 집안이 망한다는 속담이 있다. 여자가 나서서 설치면 일을 망친다는 뜻을 담은 말이다. 아마도 조선 선비들 대다수가 믿었던 말이기도 할 것이다. 그런데 조선 시대 역사를 훑다 보면 그나마 암탉이 울어 줘서 다행이야 하는 느낌을 받을 때가 있다. 왕실이나 선비 집안 여인네들이 한글, 당시 명칭으론 언문만으로 훌륭하게 문자 생활을 누렸다는 대목을 접할 때이다.

널리 알려진 대로 한글은 세종 임금이 만든 문자였다. 1443년에 완성되어 1446년에 훈민정음訓民正音이란 이름으로 반포했다. 출발은 무척 좋았다. 한글은 일찌감치 유학 이념을 백성에게 퍼뜨리는 유용한 도구로 자리 잡았다. '백성을 가르치는 바른 소리'라는 본래의 뜻에 걸맞은 결과였다.

소학은 중종 대인 1518년에 한글 번역본이 간행되었다. 『열녀전』역시 중종 대인 1543년에 전체 번역이 이루어졌다. 유학의 기본 경전인 사서(논어, 맹자, 중용, 대학)도 선조 대인 1590년경 번역본이 간행되었다. 이는 자국어 문자의 확산이라는 측면에서 봤을 때 유럽과 비교해도 크게 뒤처지지 않는 흐름이었다.

유럽에서 라틴어 성서를 영어로 번역했다는 이유로 윌리엄 틴들

William Tyndale이 교수형을 당한 때가 1536년의 일이었다. 그 뒤 번역자가 바뀌며 여러 차례 영역본 성서가 등장했지만 왕실이 공인한 영역본의 발간은 1611년이었다. 루터가 성서를 독일어로 완역해 간행한 때가 1534년이었고, 네덜란드어판 성서가 나온 때는 1526년이었다.

그렇지만 거기까지였다. 비슷한 시대에 출발했던 조선과 유럽은 이후 가는 길이 달라졌다. 언문은 끝끝내 한문의 권위를 넘어서거나 한문을 대체하지 못했다. 선비들에게 언문은 조선이 멸망하기 직전까지도 백성을 가르치는 도구이자 한문의 보조 수단에 머물렀다. 스스로를 가르치고 지식을 공유하는 도구로 재창조되고 확장되지 못했다.

유럽은 달랐다. 유럽의 한문이라 할 수 있었던 라틴어의 권위는 17세기 들어 거의 사그라졌다. 그 자리를 대신한 것이 영어, 프랑스어, 이탈리아어, 네덜란드어, 스페인어 같은 자국어 문자들이었다.

이로 인해 유럽 각 나라에서 상층과 하층을 가르던 지식과 윤리의 경계가 희미해졌다. 상층의 사상과 지식이 손쉽게 하층으로 퍼져나갔고 그 역도 마찬가지였다. 라틴어를 모르는 하층민이 생산한 야금, 광물, 채굴, 건축, 항해, 군사, 예술, 부기 들에 관련한 지식도 별 어려움 없이 기록되고 전파되었다. 사회 전반의 지적 수준과 범위는 비약적으로 상승했다.

이런 일이 조선에서는 주로 상류층 여성에게만 일어났다. 왕실과 선비 집안 여인들은 지배층 남성들이 원했던 것처럼 언문으로 유학

이넘만 배우지 않았다. 그들은 언문으로 회고록이나 자서전, 일기를 적었다. 교지나 고소장 같은 공문서도 작성했다.

더 나아가 요리 레시피를 짓고, 염색법이나 길쌈, 육아, 농작, 원예 등 집안 살림에 관련된 백과사전을 만들기도 했다. 음식 조리서인 『음식디미방』(1670)과 가정 백과사전인 『규합총서』(1809)가 그런 작업의 예였다. 한글 소설의 주요 독자층도 여성이었다.

그네들은 언문의 쓰임새를 유학의 가르침을 배우는 문자로 한정 짓지 않았다. 자신의 생각과 감정을 표현하는 수단이자 생활 경험과 지식을 공유하는 도구로 확장시켰다. 암탉은 수탉이 쳐 놓은 울타리 너머에서 그렇게 울었다. 그 울음은 나라 망칠 울음이 아니었다.

옛날에 제가 입으로 내뱉진 않았지만
마음속으로 이미 죽음을 허락하였습니다.
믿음이란 마음을 저버리지 않는 것이고
정의란 헛일을 꾀하지 않는 것이라 하지요.
저는 왕의 정의로움을 위해서 죽지
왕의 쾌락을 위해서 죽지 않습니다

—월희

越姬曰ᄒᆞ샤ᄃᆡ 昔日에 妾이
雖口不言ᄒᆞ나 心旣許之矣로이다.
妾은 聞信者ᄂ 不負其心ᄒᆞ며
義者ᄂ 不虛設其事ㅣ라 ᄒᆞ니
妾은 死王之義오 不死王之好也ㅣ로다

— 越姬曰ᄒᆞ샤ᄃᆡ 昔日에 妾이 雖口不言ᄒᆞ나 心旣許之矣로이다.
妾은 聞信者ᄂ 不負其心ᄒᆞ며 義者ᄂ 不虛設其事ㅣ라 ᄒᆞ니
妾은 死王之義오 不死王之好也ㅣ로다 —

越 넘을/월나라 월 姬 계집 희 昔 옛 석 妾 첩 첩 言 말씀 언 旣 이미 기 許 허락 허
者 놈/것 자 負 질/저버릴 부 心 마음 심 虛 빌/헛될 허 設 베풀 설 好 좋을 호

스스로 죽어 아들을 왕으로 만든 여인

내훈을 읽다 보면 남성들보다 유학적 가치를 더 철저하게 지킨 여인들을 자주 만난다. 아마도 내훈의 출처인 『열녀전』이 그런 여인들만 모아 놓았기 때문일 것이다. 초나라 소왕의 부인인 월나라 여인 월희도 그처럼 신의를 견결하게 지킨 인물이었다.

　사건은 소왕이 채희와 월희 두 부인을 데리고 소풍 나간 날에 시작되었다. 날씨도 좋고 경치도 좋고 소왕의 신하도 다들 흥겨웠다. 양 옆에 두 여인을 끼고 노닐던 소왕도 꽤나 즐거웠던 모양이다. 그는 그 즐거움을 죽은 뒤에도 누리고 싶었다. 그래서 두 부인에게 넌지시 물었다. 죽음을 함께할 수 있겠냐고….

　채희는 순순히 그러겠다고 대답했다. 월희는 거절했다. 정치에 힘써야 할 왕이 사소한 즐거움에 빠져 있어선 안 된다는 게 이유였다. 그런 왕을 따라 구차하게 죽을 수 없다는 소리였다. 따끔한 잔소리였다. 소왕은 월희의 쓴소리에 정신이 번쩍 들었다. 그렇지만 채희를 더 사랑하게 되었다.

　반전은 25년 후 소왕이 병이 들었을 때에 일어났다. 소왕은 병을 치료하기 위해 멀리 주나라까지 사람을 보냈다. 그런데 주나라 사관이 내린 처방이 오묘했다. 사관은 오늘날로 치면 의사이자 점쟁

이이자 역사학자, 기자 노릇을 동시에 하던 신분이었다. 사관의 말을 옮기자면 그 병은 왕을 죽음에 이르게 하는 병이었다. 그렇지만 병을 신하들에게 떠넘기면 죽음을 피할 수 있었다. 소왕은 이 주술적인 방책을 무시하고 따르지 않았다.

이때 월희가 다시 등장한다. 월희는 자신의 생명보다 신하의 목숨을 앞세운 소왕의 결정이 진정 왕다운 덕을 내보인 일이라고 칭송했다. 그리고 덕을 되찾은 왕과 죽음을 함께하겠다며 스스로 목숨을 끊었다. 소왕이 옛말은 그저 농담이었다며 만류했지만 소용없었다. 앞에 나온 옛날에 제가 운운하는 말이 바로 죽기 전에 남긴 유언이었다. 25년 전에 죽겠다고 한 채희는 죽지 않았다.

마지막 반전이 하나 더 남았다. 월희가 죽은 뒤 얼마 안 지나 소왕도 죽었다. 그 뒤 왕의 형제들과 신하들이 모두 소왕과 월희의 아들을 새 왕으로 추대했다. 엄마가 신의를 지킬 줄 아는 여인이므로 아들 역시 그러하리라는 판단에서였다. 채희의 아들이 어떻게 되었는지는 내훈에 나오지 않는다. 전쟁과 내란이 잦았던 험악한 춘추 전국 시대에 왕가 여성의 삶이 어땠는지 보여 주는 서늘한 일화이다.

사랑하는데 가르치지 않으면 자식이 커서
인간 되기 어려워. 자식이 하자는 대로
오냐오냐하지 말고 조금씩 버릇없이 굴면
그때마다 다잡아야지. 나쁜 짓은 편들지 말고
한번이라도 저지르면 바로 매를 대야할 게야

—방씨 여교

有愛無敎ᄒ면 長遂不仁ᄒᄂ니
毋徇其意ᄒ야 稍縱이어든 輒束ᄒ며
毋護其惡ᄒ야 一起예 輒撲이니라

— 有愛無敎ᄒ면 長遂不仁ᄒᄂ니 毋徇其意ᄒ야 稍縱이어든
輒束ᄒ며 毋護其惡ᄒ야 一起예 輒撲이니라 —

長 긴/어른 장 仁 어질 인: 유학에서 인간 됨의 근본을 이루는 덕목이었다. 毋 말 무 徇 두
루/좇을 순 意 뜻 의 稍 점점 초 縱 세로/놓을 종 輒 문득/번번이 첩 束 묶을 속 護
도울/지킬 호 惡 악할 악/미워할 오 撲 칠 박

인간 되기의 어려움

일단 체벌 문제부터 걸고 넘어가자. 어린이 체벌에 대해 거부 의식이 싹튼 시기는 18세기 말인 프랑스 혁명(1789) 이후였다. 그리고 프랑스 공립 학교에서 체벌 금지가 명문화되기 시작한 때는 19세기 중반부터였다. 그렇지만 이때도 종교적 배경을 지닌 사립 학교나 농촌, 공장 들에서는 여전히 매 맞는 아이가 많았다고 한다. 동아시아에서 어린이 체벌을 문제 삼기 시작한 때는 그보다 훨씬 후였다.

그러므로 내훈에서 매질을 당연시한다고 해서 소혜 왕후에게 뭐라 하긴 어렵다. 15세기 중반에 편찬된 내훈에 400~500년 이후의 잣대를 들이밀어 봐야 건질 게 없다는 말이다. 다만 21세기 초반을 사는 이라면 심정적 거부감이 드는 일이야 어쩔 수 없다.

그럴 땐 앞글에 나온 "매를 대야 할 게야."를 "스마트폰 사용을 잠시 금지시켜야 할 게야." 또는 "용돈을 줄여야 할 게야." 정도로 고쳐 읽으면 된다. 앞글에서 중요한 대목은 뒷 단락의 매가 아니라 앞 단락의 인간 되기 위한 가르침이니까.

소학이건 내훈이건 유학의 가르침에서 핵심은 덕을 기르는 일이었다. 잘라 말하면 인仁이고, 풀어 말하면 너그러움과 따뜻함, 의로움, 예의나 겸손함, 지성 즉 인의예지로 요약되는 그 덕이다.

유학에서 인간의 품격 또는 인간의 존엄이나 고귀함은 덕으로부터 유래하는 것이었다. 덕을 기르는 일은 사람 중의 사람이자 사람 사이의 사람, 곧 인간人間이 되는 길이었다. 유학의 가르침이 덕을 강조한 데는 다 이유가 있었다.

그러나 이렇게 이해하더라도 과거에 지녔던 덕의 중요성과 기능을 체감하지는 못한다. 요즈음 사람들에게 너그러움이나 따뜻함 대신 인색함이나 냉정함을 지녔다고 해서 인간이 덜됐다고 비난한다면 3백만~4백만 년 전에 살았다는 오스트랄로피테쿠스 취급을 당한다. 어차피 유학의 덕목이 가르치는 내용은 농업 경제 기반의 신분제 사회에서 형성된 것들이었다. 현대 사회에 곧이곧대로 적용하기는 어렵다.

이 때문에 인의예지라는 덕의 가치를 제대로 느끼고 이해하자면 과거 인의예지의 중요성과 기능에 대응하는 현대적 가치를 떠올려야 한다. 자유와 평등, 재산권, 진실, 민주적 권위, 인류애 같은 가치들이다.

민주 제도와 공화 질서를 세우면서 만들어진 이런 가치들이야말로 현대 사회의 인간을 인간으로 형성시키는 덕목들이다. 아이가 그런 가치에 반하는 행동을 한다면 어떻게 해야 할까. 소혜 왕후가 현대에 태어났다면 아마도 아이의 스마트폰을 거칠게 빼앗았을 것이다.

그러니까 유학의 가르침에서 다시 되짚어 볼 대목은 덕목의 내용에 있지 않다. 덕을 갖추고 지키는 일의 고됨과 어려움에 대한 통찰에 있다. 유학자들은 알고 있었다. 내일부터 효도해야지 결심한다고 해서 바로 효도할 수 없다는 사실을···. 내일부터 너그러워져야지 한다고 해서 그렇게 되진 않는다는 사실을···.

이는 내일부터 영어 잘해야지 한다고 해서 영어를 잘할 수 없는 것과 마찬가지 이치였다. 자유로운 태도, 평등에 대한 감수성, 재산권에 대한 감각, 진실에 대한 의지 등을 기르는 일은 영어 공부만큼이나 오랜 공부와 훈련, 복습이 필요한 일이다.

옛날엔 아이가 뱃속에 있을때도 가르쳤다지.
그런데 아이가 지금 막 지각이 싹트고 있는데
아이를 속이다니… 이런, 내가 아이에게 말을
아무렇게나 하고 지키지 않아도 된다고 가르쳤어

吾聞호니 古有胎敎ㅣ어늘 今適有知而欺之
호면 是는 敎之不信이라

맹 선생 엄마의 교육 이야기

맹자 엄마는 아들 교육을 위해 여러 차례 이사 다닌 이야기로 유명하다. 이 이야기가 내훈에도 실려 있다. 워낙 널리 알려진 일화라 대강만 요약하면, 맹자 엄마가 처음으로 터를 잡은 곳이 무덤 근처였다. 그다음에 이사한 곳은 시장 근처였다. 마지막에 학교 근처로 이사했고, 거기서 공부 놀이를 하는 맹자를 보고 더 이상 이사하지 않았다는 이야기이다. 맹자 엄마는 오늘날 좋은 학교를 좇아 강남으로 목동으로 산청으로 이사 다니는 열혈 엄마들의 선조였다.

내훈에는 이 이사 이야기 외에도 한 가지 에피소드가 더 나온다. 어느 날인가 맹자가 옆집에서 돼지 잡는 모습을 보고 엄마에게 물었다. "뭐하는 거예요?" 엄마는 장난으로 답했다. "너한테 먹이려 그러지." 그러고 바로 후회했다. 아이가 거짓말을 한 자신을 따라 배울 거라고 생각했기 때문이다. 앞에 나온 옛날엔 운운하는 말이 그런 후회를 담은 독백이었다.

보통 엄마와 아들이었다면 아마 "뻥이야." "아이, 엄마" 이러고 그냥 웃어 넘겼을 일이다. 그러나 맹자 엄마는 달랐다. 그는 남편 없이 사는 가난한 살림에도 불구하고 당시에는 꽤나 비쌌을 돼지고기를 사서 어린 맹자에게 먹였다. 믿음이란 가치를 지키기 위해 말에 행동을 맞춘 것이다. 맹자 엄마는 어린 자식을 위해 자기 자신에게 이처럼 엄했다.

내친 김에 한 가지 에피소드를 더 들자. 내훈에는 나오지 않고 『열녀전』에 나온다. 맹자가 공부를 하다 그만두고 집에 돌아왔을 때였다. 어디에서 어떤 공부를 하다 돌아왔는지는 문헌에 확실히 나오지 않는다. 아마도 어떤 스승 밑에서 기숙 생활을 하다가 배울 만큼 배웠다고 생각하고 집에 돌아온 것으로 보인다.

여하튼 맹자 엄마는 아들을 보자마자 대뜸 물었다. "어느 정도까지 배웠니?" "예전과 비슷해요." 맹자가 답했다. 그러자 맹자 엄마는 자신이 베틀에서 짜고 있던 베를 단숨에 칼로 잘라 버렸다. 학문의 길에서 끝을 보지 않은 맹자의 모습이 잘린 옷감과 똑같음을 보여 주는 행위였다. 그 이후 정신이 번쩍 든 맹자가 열심히 공부해 대학자가 되었다는 이야기.

맹자 엄마의 교육 방식이 오늘날에도 통할지는 잘 모르겠다. 그렇지만 조선 시대에 그것은 최고의 교육 사례 가운데 하나였다.

● 논어를 읽기 전

임금이 시키는데 따르지 않으면
충성스럽지 않고, 따랐다가 다시 거스르면
정의롭지 않아요. 이곳을 떠나는 게 좋겠어요

妾曰호디 君使不從이 非忠也ㅣ오
從之又違非義也ㅣ니 不如去之라 ㅎ야놀

— 妾曰호디 君使不從이 非忠也ㅣ오
從之又違非義也ㅣ니 不如去之라ㅎ야놀 —

從 좇을/따를 종　又 또 우　違 어긋날 위　去 갈 거

귀부인 자리를 걷어찬 여인

초나라 미치광이 접여의 아내가 남편에게 했던 말이다. 접여는 수레에 다가왔다는 뜻의 별명이고 본래 이름은 육통이라고 알려져 있다. 초나라 소왕 때 인물이다. 앞서 나온 월희의 남편이었던 그 소왕이다.

접여는 숨어 지내는 선비였다. 거짓으로 미친 체해서 벼슬을 피했다는 기록이 있는 걸 보면 지닌 학식과 재주가 만만치 않았던 것 같다. 소왕 역시 이를 알았는지 접여에게 사람을 보냈다. 초나라의 회남 일대를 다스려 달라는 제안을 전하기 위해서였다. 금덩이와 마차도 함께 딸려 보냈다.

접여 아내의 이야기는 시장에서 돌아온 아내가 이들이 왔다간 마차의 흔적, 요즈음 느낌으로 바꿔 보면 마이바흐나 부가티의 타이어 자국을 보고 남편에게 따져 묻는 데서 시작된다. "당신은 젊었을 때에 마땅히 해야 할 정의로운 일만 했어요. 늙었다고 이를 버릴 건가요? 문 밖의 마차 자국이 어찌 저리 깊게 파였나요?"

접여 아내는 남편에게서 소왕의 제안을 전해 듣고 격렬하게 반대했다. 선비란 가난하다 해서 한번 정한 뜻을 저버리면 안 된다는 이유에서였다. 제안을 이미 거절했다는 남편 말을 들은 뒤에도 접여 아내는 말을 멈추지 않았다. 한 입 더 보태 아예 도망쳐야 한다고 주장했다. 앞서 나온 임금이 시키는데 운운하는 대목이 그때 남편을 설득했던 말이다. 그렇게 둘은 남들이 알지 못하는 곳으로 사라져 버렸다.

가정의 안녕이란 잣대로 본다면 접여 아내의 행동은 현명했다. 소왕이 접여에게 맡기고자 했던 회남 일대는 초나라 동쪽의 변방 지대였다. 북으로는 초나라가 호시탐탐 탐을 내던 군소 국가들이 몰려 있었다. 남으로는 춘추 시대 말기의 신흥 강국 오나라와 국경을 맞대고 있었다. 오나라는 소왕 10년(기원전 506년)에 초나라의 수도를 털기도 했던 당시에 가장 위협적인 적국이었다.

소왕이 접여에게 회남을 맡기고자 했던 때가 수도 함락 이전인지 이후인지는 확실치 않다. 그러나 어느 때이건 그 지역은 전쟁이 터질 수 있는 곳이었다. 잠깐의 부귀와 영화가 죽음으로 이어질 가능성이 매우 높았다. 그곳이 초나라 세력권에 완전히 편입된 시기는 그보다 훨씬 후대의 일이었다. 접여 아내는 이런 사실까지 알고 있었을까.

어슴푸레하게라도 알았다면 접여 아내는 대단한 여인이었다. 당장의 금덩이와 좋은 차에 홀리지 않고 먼 미래를 내다보기란 옛날이나 지금이나 무척 어려운 일이다. 이 이야기가 『열녀전』에선 현명한 여인의 사례 가운데 하나였다. 내훈에선 청렴하고 검소한 삶의 사례로 실렸다.

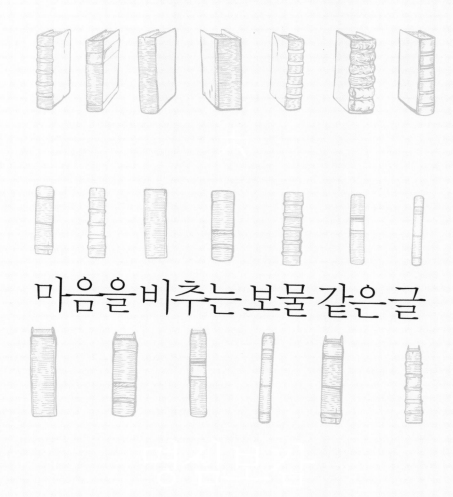

마음을 비추는 보물 같은 글

조선 시대에 주류 사상은 공자, 맹자, 주자의 학통을 잇는 것이었다. 소학이나 동몽선습은 그 흐름에 충실한 책이었다. 통감절요도 주자가 비판한 대목이 일부 있었지만 그가 수정한 편집본이 널리 읽혔으므로 큰 문제는 없었다.

명심보감은 이런 경향에 배치되는 책이었다. 책의 수준은 동몽선습과 비슷했다. 어느 정도 한자를 깨친 아이가 한문과 삶의 윤리를 익힐 때 쓰는 입문서였다. 그런데 명심보감에는 노자나 장자의 말씀, 불경에 나오는 어록들이 꽤 실려 있었다. 이런 내용은 꼬장꼬장한 유학자들이 보기에 용납하기 어려운 이단이었다.

그렇다고 명심보감이 인기 없었던 것 같지는 않다. 천자문만큼은 아니지만 청주, 담양, 달성 등에서 다양한 판본이 조선 시대 내내 꾸준히 간행된 것을 보면 전국 각지에서 꽤 많이 읽혔던 것으로 보인다. 동몽선습처럼 책 뒷부분에 고구려나 신라, 조선 시대 인물의 행적이 추가되어서 퍼진 점도 명심보감이 조선 사회에 꽤 깊숙이 파고들었음을 알려주는 증거이다.

아마도 성리학 질서가 강화되기 이전인 조선 초와 그 질서가 흐트러진 임진왜란 직후, 그리고 조선 말기 즈음에 유행을 탔던 것으로 보인다. 일제 강점기에는 인기도에서 동몽선습에 버금가거나 동몽선습을 능가하는 서당 교재였다.

명심보감은 오늘날 시각에서 보자면 일종의 격언집이었다. 소학을 읽다 보면 세상을 자신의 뜻대로 바로잡겠다는 유학자들의 엄격한 결기가 느껴진다. 명심보감에선 그런 기운을 감지하기 힘들다. 대신 집안과 가족의 평안함을 지켜 내고자 하는, 처세를 위한 유연함이 읽힌다.

이 때문에 같은 주제를 다루더라도 명심보감에선 도덕 원칙보다 어떤 행위가 주는 효과나 유용함, 즐거움이 강조된다. 효를 예로 들면 내가 부모에게 효도해야 자식이 나한테 효도한다는 점을 강조하는 식이다. 말조심하기, 분수 지키며 살기, 적을 만들지 않기, 참으며 살기 등과 같은 태도의 서술도 두드러지게 나타난다.

명심보감의 편저자는 중국 명나라 초기를 살았던 범립본이었다. 많은 학자들이 이를 믿지만 고려 말 신하였던 추적을 편저자로 보는 주장도 사라지지 않고 있다. 이런 상황 탓인지 명심보감은 판본에 따라 내용 편차가 심하다. 분량이 세 배 가까이 차이 나기도 하고 증보편의 유무도 판본에 따라 다르다.

여기서는 명심보감의 조선 시대 최초 출간본인 청주판 초간본 명심보감(1454)에서 앞 장에서 다루지 않은 유학 개념 몇 가지만 뽑아서 설명한다.

사람이라면 누구나 부자가 되거나 귀한
대접받기를 바라거든. 그렇지만 떳떳하지 않은
방법으로 누리진 말아야지. 사람은 가난해지거나
천한 대접받기를 싫어해. 그렇지만 떳떳하지
않은 방법으로 벗어나지 말아야해
—공선생

子曰 富與貴, 是人之所欲也. 不以其道得之,
不處也. 貧與賤 是人之所惡也.
不以其道得之, 不去也

— 子曰 富與貴, 是人之所欲也. 不以其道得之, 不處也.
자왈 부여귀 시인지소욕야 불이기도득지 불처야
貧與賤 是人之所惡也. 不以其道得之, 不去也 —
빈여천 시인지소오야 불이기도득지 불거야

富 부자 부 所 바/것 소 欲 하고자 할/바랄 욕 道 길 도 : 사람이 오가는 길, 살아가는 길,
살면서 지켜야 할 바른 길이나 이치, 살아가는 옳은 방법과 수단 등 풍부한 함의를 갖는 말이
다. 處 곳/처할 처 : 처하다는 어떤 상황이나 처지에 놓인다는 뜻이다. 貧 가난할 빈 賤 천
할 천 惡 악할 악/미워할 오 去 갈/버릴 거 불이기도득지불거야 不以其道得之不去也 : 이
구절에 대해서는 결이 판이하게 다른 두 갈래 해석이 통용된다. 한 갈래는 '도(정당한 방법)로
써 그것(가난함과 천함)을 얻지 않았더라도 버리지 않는다'로 풀이한다. 가난함과 천함에 개의
치 않는 꿋꿋한 선비의 태도를 강조하는 해석이다. 다른 갈래는 '도(정당한 방법)로써 그것(미
워해서 피하고자 하는 바)을 얻는 게 아니라면 버리지 않는다'로 해석한다. 이 경우 정당한 방법
이란 전제 조건이 붙긴 하지만 가난함과 천함을 벗어나려는 노력에 길이 뚫린다. 본문의 해석
도 후자에 기대고 있다.

도덕과 부자

부자들에게 도덕은 거추장스런 장식물 취급을 받을 때가 많다. 일반 시민들도 정치가에게 요구하는 도덕 수준을 굳이 부자에게 강요하지 않는다. 아마도 도덕을 엄격히 지키다 보면 부자 되기 어렵다고 생각하기 때문일 것이다.

그렇지만 독일의 정치학자이자 사회학자였던 막스 베버의 생각은 달랐다. 그는 17세기와 18세기, 개신교의 도덕적 가르침이 현대 사회의 부유함을 일군 핵심 요인 가운데 하나라고 주장했다.『프로테스탄티즘의 윤리와 자본주의 정신』이란 책에서였다. 돈벌이를 하나님의 섭리가 드러나는 행위로 받아들이면서도 씀씀이에서만큼은 검약과 절제를 강조한 개신교의 윤리가 부의 축적을 가능하게 했다는 것이다.

개신교 특히 칼뱅의 교리를 따르면 일이나 노동은 사치나 향락, 안락한 생활을 누리기 위한 행위가 아니었다. 오로지 하나님의 영광을 드러내기 위한 수단이었다. 이때 경제적 성공은 그가 구원받도록 선택된 자임을 보증하고 신앙의 절실함을 증명하는 징표 같은 것이었다.

그래서 가난한 자는 물론이고 부자도 성공의 대가를 누리기보다 금욕적인 생활 태도를 유지하면서 더 열심히 일해야 했다. 이런 도덕적 엄격함이 그때그때 소비되고 탕진되는 부가 아니라 부의 생산적 사용 즉 자본을 축적시켜 현대 자본주의 사회의 발전을 촉진시켰다는 것이 베버 주장의 골자였다. 베버가 따로 언급하진 않았지만 이 과정에서 수많은 부자들이 생겨났으리라고 미루어 짐작할 수 있다.

한편 19세기 말 일본의 시부사와 에이치도 부의 축적에 있어 도덕의 유용성을 강조했다. 논리의 근거는 물론 베버와 달랐다. 그는 어릴 적 유학 교육을 받았다. 청년 시절 막부 타도를 위한 지사가 되기로 결심했다가 막부 관료로 변신했고 뒷날 실업가와 사회사업가로 성공한 이였다. 그가 말하는 도덕의 기반은 성경이 아니라 공자 말씀이었다. 앞에 나온 사람이라면 누구나 부자가 운운하는 말도 그런 말 가운데 하나였다.

시부사와 에이치는 이 말의 핵심을 "정당하지 않은 방법으로 부귀를 얻지 말고, 정당한 인의 도덕으로 부귀를 얻으라."는 요청으로 파악했다. 공자는 정의롭지 못한 부를 반대했을 뿐이지 부의 추구를 경시하지 않았다는 것이다. 그에게 인의 도덕은 부자 되는 방법이자 부를 오래도록 지속시키는 수단이었다. 『논어와 주판』이란 책에 나오는 내용이다.

이런 해석을 통해 시부사와 에이치는 한때 무사의 덕목, 조선이었다면 선비의 덕목에 해당되는 '정의, 청렴, 정직, 의협, 패기, 겸양' 같은 가치를 상인과 기업가의 필수 덕목으로 확장시켰다. 스스로도 이를 실천하여 500여 개가 넘는 기업 설립에 관여해 600여 개에 달하는 사회사업을 펼쳤다. 이로써 당시 일본 안에서도 손꼽히는 부자가 되었다.

시부사와 에이치와 막스 베버의 논리는 한 가지 공통점이 있다. 농업이나 상업이 아니라 공업이나 금융업을 통해 성장한 현대적 부자의 도덕을 전통 윤리의 재해석 속에서 찾아냈다는 점이다. 베버에게 그 전통이 기독교 윤리였다면 에이치에겐 유학 윤리였다는 점이 달랐을 뿐이다.

엄밀히 말해 서양이건 동양이건 현대 이전의 전통 윤리가 상업 활동과 영리 추구, 부의 축적을 합리화하고 긍정했다고 보긴 어렵다. 성경이나 사서삼경에는 이를 반대하는 구절과 논리가 넘쳐 난다. 베버가 언급한 칼뱅의 논리나 에이치의 주장은 달라진 세상에 맞게 전통을 재해석함으로써 새로운 전통을 만들었다고 보는 게 옳을 것이다.

이 대목이 이 땅의 유학적 사유가 멈춘 지점이다. 유학 관련 책 속에선 상업적 거래와 부의 축적, 사업가나 기업가의 출현에 적응하고 맞서는 재창조의 흔적을 찾기 어렵다. 명심보감도 마찬가지이다. 현재 시점에서 되돌아보자면 선비 부자의 가능성이나 도덕에 대한 탐구가 논쟁이 시작되기도 전에 철 지난 문제가 돼 버린 셈이다.

공손하지만 예의가 없으면 힘들기만 하지.
신중하지만 예의가 없으면 뭐든지 두려울 게야.
용감하지만 예의가 없으면 세상을 어지럽히고,
강직하지만 예의가 없으면 숨이 콱콱 막히거든
―공선생

子曰恭而無禮則勞. 愼而無禮則葸.
勇而無禮則亂, 直而無禮則絞

― 子曰恭而無禮則勞. 愼而無禮則葸. 勇而無禮則亂, 直而無禮則絞 ―
자 왈 공 이 무 례 즉 로   신 이 무 례 즉 사   용 이 무 례 즉 난   직 이 무 례 즉 교

勞 일할/수고할 로   愼 삼갈 신   葸 두려워할 사   勇 날랠/용감할 용   亂 어지러울 난   直
곧을 직   絞 목맬 교

학교에서 가르쳐 주지 않는 예의

유학에서 가르치는 예의나 예절의 기원은 멀리 중국의 주나라까지 올라간다. 주나라의 정치 제도와 관습, 제사 의식을 전국 시대나 한나라 때 정리한 문헌들이 후대 예법의 표준 원기原器였다. 『대학』, 『중용』, 『예기』, 『의례』같이 예의와 예법을 다룬 유학 경전이 모두 주나라에 뿌리를 대고 있었다.

그런데 주나라는 후대의 중앙 집권적인 관료 국가와 달리 종법제와 봉건제를 기반으로 유지된 나라였다. 종법제는 종갓집 제사를 주재하는 집안의 승계권자를 정하고 이를 정점으로 촘촘하고 섬세하게 위계질서를 규정한 제도였다. 봉건제는 종법제를 주나라 왕실과 제후국 사이의 정치 체제를 규율하는 질서로 확대 적용한 제도였다.

말이 좀 어렵지만 뜻하는 바는 단순했다. 주나라가 종갓집 나라였다면 그 주변의 제후국이 삼촌 나라, 아저씨 나라, 조카 나라, 동생나라였다는 말이다. 세월이 흐르면서 촌수가 조금씩 멀어지긴 했지만 이런 체제 속에서 주나라 왕실의 종갓집 제사와 잔치는 그 자체로 주 왕실과 제후국, 나라와 나라 간의 외교 행사였다.

그래서 주나라 왕실 집안을 예의로써 잘 단속하면 실제로 나라와 나라 사이의 분란과 전쟁을 줄일 수 있었다. 천하의 평화도 가능해 보였다. 집안을 다스리는 제가齊家와 나라를 다스리는 치국治國 사이에 혈통의 네트워크라는 확고한 연결 고리가 존재했다.

그러나 이 구도가 지녔던 효력은 춘추 시대까지가 하한선이었다. 전국 시대와 진한 시대 이후 종법제는 살아남았지만 봉건제가 사라졌기 때문이다. 더 이상 주변의 외국은 같은 성씨가 임금 노릇 하는 친척 나라가 아니었다. 이제 한 나라의 왕은 밖으로나 안으로나 성씨가 각기 다른 수많은 가문을 상대해야 했다. 제가와 치국 사이의 직접적인 연결 고리가 끊겼고 이후 복원되지 않았다.

이 점이 유학적 예의가 갖는 독특한 특색과 약점을 결정지었다. 주나라의 경우 비록 각자 각자가 모두 높은 신분이라 가족조차 예의와 예절로써 대하긴 했지만, 누가 강요하지 않아도 그 사이엔 남다른 정이 흐르기 마련이었다. 그렇지만 이런 구도에서 정립된 예의와 예절을 성씨가 다른 가문들을 통제하는 정치 질서로 확장시켰을 때는 사정이 달라진다. 서로 다른 집안끼리 가족 같은 친밀한 정을 느끼긴 어렵지 않은가.

이러다 보니 사회가 점점 복잡해지고 현대에 가까워질수록 예의는 인정과 적절한 감정이 흐르지 않는 형식적인 규율로 변해 갔다. 예의의 확산과 유지에 국가의 강제력이 동원되는 사례도 늘어났다. 말만 예의와 예절이었지 사실상 금기를 어겼을 때 형벌이 따르는 법률이나 법규 노릇을 하게 된 것이다. 이 예의의 법률화가 특히 고약했다.

상상해 보라. 예의 있게 행동하려면 아빠한테 눈을 흘기지 말아야 하는데 그걸 어겼다고 포졸이 출동하는 장면을…. 또는 길에서 동네 어른을 만나면 허리 굽혀 인사해야 하는데 그걸 안 했다고 감옥에 갇히는 장면을….

이는 과장이 따른 예이다. 그렇지만 청나라나 조선 말기에 일반 사람들이 예의와 예절에 대해 느꼈던 압박감은 그보다 더하면 더했지 덜하지 않았다. 애초에 따뜻한 인정을 전제로 소소하게 규정했던 격식, 몸짓, 표정, 차림새에 법적 처벌을 들이대면 그 사회는 지옥에 가까워진다.

앞서 인용한 공자의 말은 예의와 인정이 한 울타리에서 작동하던 시대의 아름다운 풍경을 보여 준다. 오로지 예의로써 공손하지만 힘들지 않게, 신중하지만 두렵지 않게, 용감하지만 난폭하지 않게, 강직하지만 숨 막히지 않게 규율할 수 있었던 시대, 그런 믿음이 사라지지 않았던 시대의 모습이다.

이런 측면에서 보자면 예의란 지키는 것이라기보다 발견하고 발명해야 하는 것일지도 모른다. 지구에 대한 예의, 사실에 대한 예의, 노동에 대한 예의, 사업에 대한 예의 같은 것 말이다. 이런 문제들은 명심보감 같은 책에서 고민할 문제는 아니었다. 현대 사회에서 인정이 흐르는 방식은 공자가 살았던 시대의 그것과는 다르다.

● 논어를 읽기 전

● 내 좋은 면을 말하는 이는 적이고 내 나쁜 면을 말하는 이가 스승이야.

● 여러 사람이 다 좋아해도 꼭 따져 보고 여러 사람이 다 미워해도 꼭 따져 봐야지. ── 공 선생

● 사람이 백 년을 살지 못하는데 부질없이 천 년 계획을 세우지.

● 일을 꾸미면 일이 생기고 일을 줄이면 일이 덜어져.

● 모든 일에 인정을 남기면 나중에 서로 좋아하며 보게 돼.

● 갑자기 지나치게 즐거운 일을 겪었다면 예측할 수 없는 근심에 대비해야 해.

● 앞날을 알고 싶으면 먼저 지난 일을 살펴봐야지.

● 하늘의 바람과 비는 예측하기 힘들고 사람의 재앙과 복은 아침저녁으로 달라져.

● 의심나는 사람이면 쓰지 말고 사람을 썼다면 의심하지 말아야지.

● 어떤 일이든 겪어 보지 않으면 어떤 지혜도 늘지 않아.

● 재주 많은 이는 재주 없는 이의 노예가 되고 괴로움은 즐거움을 낳는 어미가 되지.

● 사람 의리는 가난한 데서 끊기고 세상 인정은 돈 있는 집으로 기울거든.

● 집안 일으킬 아이는 제 밭의 똥이라도 금덩이처럼 아까워하고 집안 망칠 아이는 돈 쓰는 일마저 똥 내다 버리듯 하지.

- 하루를 맑고 여유롭게 보내면 하루 동안 신선이야.
- 한 마디 말도 맞지 않으면 천 마디 말도 쓸데없어.
- 서로 얼굴 아는 이는 세상에 그득한데 마음 아는 이는 몇이나 될까.
- 길이 멀어야 말의 체력을 알고 시간이 지나야 사람 마음을 알지.

● 논어를 읽기 전

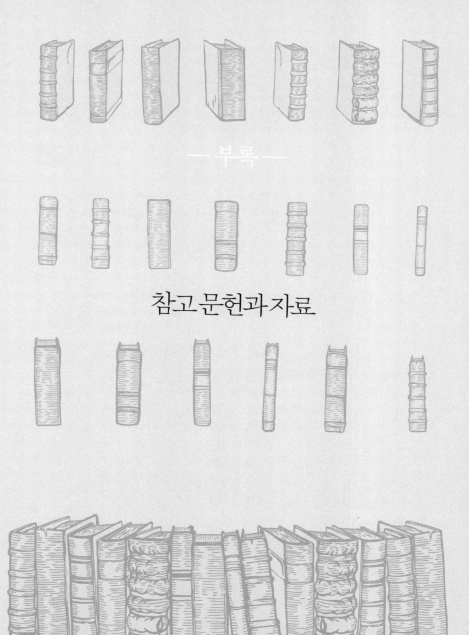

—부록—

참고 문헌과 자료

참고 문헌과 자료

―― 고대 중국 역사

가이즈카 시게키, 『중국의 역사: 선진시대』, 배진영 옮김, 혜안, 2011.
공원국, 『춘추 전국이야기 1/2/3』, 역사의아침(위즈덤하우스), 2010.
―――, 『춘추 전국이야기 4』, 역사의아침(위즈덤하우스), 2011.
―――, 『춘추 전국이야기 5』, 역사의아침(위즈덤하우스), 2012.
레이 황, 『중국, 그 거대한 행보』, 홍순도·홍광훈 옮김, 경당, 2002.
발레리 한센, 『열린 제국: 중국』, 신성곤 옮김, 까치글방, 2005.
사마천, 『사기 본기』, 김원중 옮김, 민음사, 2010.
―――, 『사기 본기』, 사마천, 정범진 외 옮김, 까치글방, 1994.
―――, 『완역 사기 본기 1』, 김영수 옮김, 알마, 2010.
―――, 『완역 사기 본기 2』, 김영수 옮김, 알마, 2012.
상해고적출판사, 『문답으로 엮은 교양 중국사』, 박소정 옮김, 이산, 2005.
서울대학교동양사학연구실, 『고대중국의 이해 5』, 지식산업사, 2001.
서울대학교동양과학연구회, 『강좌 중국사 1』, 지식산업사, 2006.
심규호, 『연표와 사진으로 보는 중국사』, 일빛, 2002.
이준갑·김병준·박한제·이근명·김형종, 『아틀라스 중국사』, 사계절출판사, 2007.
이춘식, 『춘추 전국시대의 법치사상과 세·술』, 아카넷, 2002.
중국사학회, 『중국통사 1』, 강영매 옮김, 종합출판범우, 2008.

기세춘, 『성리학 개론 상/하』, 바이북스, 2007.

김교빈·이부록 그림, 『한국 철학 에세이』, 동녘, 2008.

다케우치 미노루 외, 『절대지식 중국고전』, 양억관 옮김, 이다미디어, 2010.

리쩌허우, 『중국고대사상사론』, 정병석 옮김, 한길사, 2005.

마르셀 그라네, 『중국사유』, 유병태 옮김, 한길사, 2010.

미르치아 엘리아데, 『세계종교사상사 2』, 최종성·김재현 옮김, 이학사, 2005.

마르티나 도이힐러, 『한국 사회의 유교적 변환』, 이훈상 옮김, 아카넷, 2003.

미조구치 유조·마루야마 마쓰유키·이케다 도모히사 공편, 『중국사상문화사전』,
        김석근·김용천·박규태 옮김, 책과함께, 2011.

박원재·최진덕, 『군자의 나라』, 명진출판사, 1999.

시마다 겐지, 『주자학과 양명학』, 김석근 옮김, 까치글방, 2001.

신정근, 『논어의 숲, 공자의 그늘』, 심산, 2006.

앵거스 찰스 그레이엄, 『도의 논쟁자들』, 나성 옮김, 새물결, 2003.

이정우, 『접힘과 펼쳐짐』, 그린비, 2012.

카를 야스퍼스, 『소크라테스 공자 석가 예수 모하메드』, 황필호 옮김, 강남대학교출
        판부, 2000.

펑유란, 『중국철학사 상/하』, 박성규 옮김, 까치글방, 1999.

한국사상연구회, 『조선유학의 개념들』, 예문서원, 2002.

한형조, 『왜 동양철학인가』, 문학동네, 2009.

—— , 『왜 조선 유학인가』, 문학동네, 2008.

—— , 『조선 유학의 거장들』, 문학동네, 2008.

—— , 『주희에서 정약용으로』, 세계사, 1996.

허버트 핑가레트, 『공자의 철학』, 송영배 옮김, 서광사, 1991.

현상윤, 『풀어 옮긴 조선유학사』, 현음사, 2003.

고마고메 다케시, 『식민지제국 일본의 문화통합』, 오성철·이명실·권경희 옮김, 역

사비평사, 2008.

김건우, 『옛사람 59인의 공부산책』, 도원미디어, 2003.

김태웅, 『우리 학생들이 나아가누나』, 서해문집, 2006.

이승원, 『학교의 탄생』, 휴머니스트, 2005.

이진경·이정우·심경호·배병삼, 『고전의 향연』, 한겨레출판사, 2007.

조연순, 『한국초등교육의 기원』, 학지사, 1996.

김동환, 「명심보감의 서지적 연구」, 중앙대 대학원, 박사학위논문, 1994.

김종운, 「조선조 몽학교재 연구」, 한국교원대 대학원, 박사학위논문, 2001.

마송의, 「송시열의 계녀서를 통해 본 조선 후기 여성교육의 특징」, 숙명여대 교육대
학원, 석사학위논문, 2007.

부길만, 「조선시대 방각본 출판의 특성에 관한 연구」, 한양대 대학원, 박사학위논
문, 2003.

이은경, 「장혼의 동몽교육서 분석」, 광주교육대 교육대학원, 석사학위논문, 2005.

정선영, 「일제강점기 제주도 개량서당 연구」, 제주대 교육대학원, 석사학위논문,
2007.

정순우, 「18세기 서당 연구」, 한국정신문화연구원 부속대학원, 박사학위논문, 1986.

조윤숙, 「조선시대 사대부가 자녀예절 교육에 관한 연구」, 성균관대 생활과학대학
원, 석사학위논문, 2005.

조정숙, 「열녀전 분석 및 국내수용연구」, 경희대 교육대학원, 석사학위논문, 2003.

—— 1000자로 지은 글, 천자문

강상규, 『천자문, 그 뿌리와 동양학적 사유』, 어문학사, 2010.

김근, 『욕망하는 천자문』, 삼인, 2003.

김성동, 『김성동 천자문』, 청년사, 2004.

김이홍, 『천자문 자료집』, 박이정, 1995.

성백효, 『현토완역 주해천자문』, 전통문화연구회, 1992.

안미경, 『천자문 간인본 연구』, 이회문화사, 2004.

이섬 주, 오가와 다마키·기다 아키요시 주해, 『세상을 삼킨 천자문』, 신정근 옮김,

● 부록

심산, 2009.

고마고메 다케시, 『식민지제국 일본의 문화통합』, 오성철·이명실·권경희 옮김, 역
    사비평사, 2008.
김기협, 『망국의 역사, 조선을 읽다』, 돌베개, 2010.
김상봉, 『도덕교육의 파시즘』, 길, 2005.
김용옥, 『효경한글역주』, 통나무, 2009.
김일권, 『우리 역사의 하늘과 별자리』, 고즈윈, 2008.
나카야마 시게루, 『하늘의 과학사』, 김향 옮김, 가람기획, 1992.
마루야마 마사오, 『충성과 반역』, 나남출판, 1998.
문중양, 『우리역사 과학기행』, 동아시아, 2006.
미야지마 히로시, 『동아시아 근대이행의 세 갈래』, 백영서·박훈, 창비, 2009.
박지원, 『연암집 중』, 신호열·김명호 옮김, 돌베개, 2007.
버트런드 러셀, 『러셀, 북경에 가다』, 이순희 옮김, 천지인, 2009.
안상현, 『우리가 정말 알아야 할 우리 별자리』, 현암사, 2005.
안중근, 『안응칠, 이토 히로부미를 쏘다!』, 푸른나무, 2004.
오카모토 다카시, 『미완의 기획, 조선의 독립』, 강진아 옮김, 소와당, 2009.
유안, 『회남자 1』, 이석명 옮김, 소명출판, 2010.
원재훈, 『안중근, 하얼빈의 11일』, 사계절출판사, 2010.
이문규, 『고대 중국인이 바라본 하늘의 세계』, 문학과 지성사, 2000.
이에나가 사부로, 『근대 일본 사상사』, 연구공간 수유너머 일본근대사상 옮김, 소명
    출판, 2006.
정태현, 『효경대의』, 전통문화연구회, 1996.
존 헨더슨, 『중국의 우주론과 청대의 과학혁명』, 문중양 옮김, 소명출판, 2004.
주희, 『주자가례』, 임민혁 옮김, 예문서원, 1999.
차종천 옮김, 『구장산술 주비산경』, 범양사, 2000.
최길성, 『한국의 조상숭배』, 예전사, 1991.
폴 존슨, 『모던타임스 1』, 조윤정 옮김, 살림, 2008.

국립고궁박물관 www.gogung.go.kr, '천상열차분야지도'로 검색
네이버캐스트 navercast.naver.com, '양성지'로 검색

디지털 한글 박물관 www.hangeulmuseum.org, 학술정보관에서 조선 시대 천자
   문의 다양한 판본을 볼 수 있다.
안중근의사기념관 ahnjunggeun.or.kr
조선왕조실록 sillok.history.go.kr
프레시안 www.pressian.com, 강양구, 아인슈타인 홀린 암흑의 힘, 비밀 열쇠는
   '제5원소'? [우주의 진실을 찾아서] 암흑 에너지 vs. 암흑 물질.

—— 어리석음을 깨우는 첫 공부, 동몽선습

김혁제, 『명문 동몽선습』, 명문당, 2007.
성백효, 『동몽선습·격몽요결』, 전통문화연구회, 2006.
——, 『맹자집주』, 전통문화연구회, 2010.
이기동, 『맹자강설』, 성균관대학교출판부, 2005.
이기석, 『동몽선습 – 신역』, 홍신문화사, 2001.

강명관, 『책벌레들 조선을 만들다』, 푸른역사, 2007.
고지마 쓰요시, 『사대부의 시대』, 신현승 옮김, 동아시아, 2004.
고혜령, 『고려후기 사대부와 성리학 수용』, 일조각, 2001.
기누가와 쓰요시, 『하늘天 위에는 무엇이 있는가』, 박배영 옮김, 시공사, 2003.
김교빈·김시천 엮음, 『전통 청바지 – 옛것은 과연 낡은 것일까』, 웅진지식하우스,
   2007.
김상섭, 『태극기의 정체』, 동아시아, 2001.
김용헌, 『조선 성리학, 지식권력의 탄생』, 프로네시스, 2010.
김희영, 『이야기 일본사』, 청아출판사, 2006.
레슬리 스티븐슨·데이비드 L. 헤이버먼, 『인간의 본성에 관한 10가지 이론』, 박중
   서 옮김, 갈라파고스, 2006.
매트 리들리, 『매트 리들리의 본성과 양육』, 김한영·이인식 옮김, 김영사, 2004.
박희병, 『운화와 근대』, 돌베개, 2003.
사마천, 『사기 세가 하』, 까치글방, 1994.
시라카와 시즈카, 『사람의 마음을 움직여 세상을 바꾸리라』, 장원철 옮김, 한길사,

• 부록

2004.

신동원,『호열자 조선을 습격하다』, 역사비평사, 2004.

아사히신문 취재반,『동아시아를 만든 열 가지 사건』, 백영서·김항 옮김, 창비, 2008.

야마다 케이지,『주자의 자연학』, 통나무, 1991.

양계초 외,『음양오행설의 연구』, 김홍경 편역, 신지서원, 1993.

에드워드 윌슨,『인간 본성에 대하여』, 이한음 옮김, 사이언스북스, 2011.

오종일,『중국 사상과 역사의 근원을 찾아서』, 한울, 2008.

윌리엄 시어도어 드 배리,『중국의 '자유' 전통』, 표정훈 옮김, 이산, 1998.

이정우,『개념-뿌리들 1』, 산해, 2008.

이종찬,『동아시아 의학의 전통과 근대』, 문학과지성사, 2004.

이혜경,『맹자, 진정한 보수주의자의 길』, 그린비, 2008.

이희진,『중화사상과 동아시아-자기 최면의 역사』, 책세상, 2007.

조르주 사푸티에,『동물이란 무엇인가?』, 김희경 옮김, 최재천 감수, 민음인, 2006.

존 그리빈,『과학-사람이 알아야 할 모든 것』, 강윤재·김옥진 옮김, 들녘, 2004.

진영첩,『진영첩의 주자 강의』, 표정훈 옮김, 푸른역사, 2001.

진현종,『여기 공자가 간다』, 갑인공방, 2005.

천웨이핑,『공자 평전』, 신창호 옮김, 미다스북스, 2002.

프랑수아 자콥,『파리, 생쥐, 그리고 인간』, 이정희 옮김, 궁리, 1999.

피터 왓슨,『생각의 역사 2』, 이광일 옮김, 들녘, 2009.

한림대학교 한국학연구소 엮음,『다시, 실학이란 무엇인가』, 푸른역사, 2007.

허태용,『조선후기 중화론과 역사인식』, 아카넷, 2009.

혼마 규스케,『조선잡기』, 최혜주 역주, 김영사, 2008.

이선경,「역유태극 시생양의에 대한 조선유학의 해석」,『정신문화연구』제30권 제3호 (2007년 가을), 한국학중앙연구원.

Internet Archive www.archive.org, Orang-Outang, sive Homo sylvestris : or, the Anatomy of a Pygmie Compared with that of a Monkey, an Ape, and a Man, 1699.

—— 자치통감에서 간추리다, 통감절요

사마광, 『자치통감 1』, 권중달 옮김, 도서출판 삼화, 2007.
—— , 『자치통감 2』, 권중달 옮김, 도서출판 삼화, 2009.
성백효, 『역주 통감절요 1』, 전통문화연구회, 2005.
—— , 『역주 통감절요 2』, 전통문화연구회, 2006.

박종혁, 『자치통감』, 서해문집, 2008.
사마천, 『사기 세가』, 김원중 옮김, 민음사, 2010.
—— , 『사기 세가 상/하』, 까치글방, 1994.
—— , 『사기 열전 1/2』, 김원중 옮김, 민음사, 2007.
—— , 『사기 열전 상/중/하』, 까치글방, 1995.
—— , 『사기영선』, 정조 엮음, 노만수 옮김, 일빛, 2012.
—— , 『사기 표』, 김원중 옮김, 민음사, 2011.
쓰루마 가즈유키, 『중국 고대사 최대의 미스터리 진시황제』, 김경호 옮김, 청어람미
    디어, 2004.
앙리 마스페로, 『도교』, 신하령 옮김, 까치글방, 1999.
유향, 『전국책 1/2/3/4』, 임동석 옮김, 동서문화동판, 2009.
위앤커, 『중국의 고대신화』, 정석원 옮김, 문예출판사, 2012.
장펀텐, 『진시황 평전』, 이재훈 옮김, 글항아리, 2011.
제러미 리프킨, 『유러피언 드림』, 이원기 옮김, 민음사, 2005.
조지프 캠벨, 『신의 가면 2: 동양 신화』, 이진구 옮김, 까치글방, 1999.
증선지, 『십팔사략 1/2』, 임동석 옮김, 동서문화사, 2009.
천징, 『진시황 평전』, 김대환·신창호 옮김, 미다스북스, 2011.

—— 어린이 학문, 소학

공자, 『논어』, 김형찬 옮김, 홍익출판사, 2005.
—— , 『논어』, 한필훈 옮김, 안티쿠스, 2012.
김용옥, 『논어 한글 역주 1/2/3』, 통나무, 2008.

───, 『중용 인간의 맛』, 통나무, 2012.

───, 『효경 한글 역주』, 통나무, 2009.

김학주 역주, 『중용』, 서울대학교출판부, 2009.

마현준 풀어씀, 『대학·중용』, 풀빛, 2005.

박완식 편저, 『중용』, 북피아, 2005.

이기석 석해, 『신역 소학』, 홍신문화사, 1989.

정태현, 『효경대의』, 전통문화연구회, 1996.

주희·유청지, 『소학』, 윤호창 옮김, 홍익출판사, 2005.

황희경 풀어옮김, 『논어』, 시공사, 2000.

가노 마사나오, 『근대 일본의 사상가들』, 이애숙·하종문 옮김, 삼천리, 2009.

가와하라 카즈에, 『어린이관의 근대』, 양미화 옮김, 소명출판, 2007.

강재언, 『조선의 서학사』, 민음사, 1990.

고려대 민족문화연구원 한국사상, 『역주와 해설 성학십도』, 예문서원, 2009.

고야스 노부쿠니, 『일본근대사상비판』, 김석근 옮김, 역사비평사, 2007.

───, 『후쿠자와 유키치의 문명론의 개략을 정밀하게 읽는다』, 김석근 옮김, 역사비평사, 2007.

권인한, 『중세한국한자음훈집성』, 제이앤씨, 2006.

나루사와 아키라, 『일본적 사회질서의 기원』, 박경수 옮김, 소화, 2004.

노르베르트 엘리아스, 『문명화 과정 1』, 박미애 옮김, 한길사, 1996.

다나카 아키라, 『메이지 유신과 서양 문명』, 현명철 옮김, 소화, 2006.

마루야마 마사오, 『문명론의 개략을 읽는다』, 김석근 옮김, 문학동네, 2007.

매트 리들리, 『게놈』, 하영미·전성수·이동희 옮김, 김영사, 2001.

마리우스 B. 잰슨, 『일본과 세계의 만남』, 장화경 옮김, 소화, 1999.

미야카와 토루·아라카와 이쿠오 편저, 『일본근대철학사』, 이수정 옮김, 생각의나무, 2001.

박규태, 『일본정신의 풍경』, 한길사, 2009.

박노자, 『나를 배반한 역사』, 인물과사상사, 2003.

박성래, 『한국사에도 과학이 있는가』, 교보문고, 1998.

오항녕, 『조선의 힘』, 역사비평사, 2010.

이광래, 『한국의 서양사상 수용사』, 열린책들, 2003.

이승환, 『유교 담론의 지형학』, 푸른숲, 2004.

이시이 다카시, 『메이지 유신의 무대 뒤』, 김영작 옮김, 일조각, 2008.

이정우, 『삶·죽음·운명』, 거름, 1999.

자크 바전, 『새벽에서 황혼까지 1/2』, 이희재 옮김, 민음사, 2006.

장인성, 『메이지 유신 – 현대 일본의 출발점』, 살림, 2007.

최경옥, 『번역과 일본의 근대』, 살림출판사, 2005.

최형걸, 『수도원의 역사』, 살림, 2004.

타이먼 스크리치, 『에도의 몸을 열다』, 박경희 역, 그린비, 2008.

필립 아리에스 외, 『사생활의 역사 3』, 이영림 옮김, 새물결, 2002.

후쿠자와 유키치, 『학문의 권장』, 남상영 외 옮김, 소화, 2003.

구글 북스 books.google.com, De civilitate morum puerilium libellum, Desiderius Erasmus Roterodamus, Frobenius, 1530.

디지털 한글 박물관 www.hangeulmuseum.org, 학술정보관에서 필사본 성경직히를 토대로 수정 보완된 연활자본 성경직해를 볼 수 있다.

杉田玄白, 解体新書, 講談社學術文庫, 1998.

福澤諭吉, 西洋事情, 慶應義塾大學出版會, 岩波文庫, 2009.

———, 文明論之槪略, 松澤弘陽 校注, 岩波文庫, 2011.

—— 여자를 위한 가르침, 내훈

유향, 『열녀전 1/2』, 임동석 옮김, 동서문화사, 2009.

소혜왕후, 『내훈』, 이경하 주해, 한길사, 2011.

규장각한국학연구원, 『조선 여성의 일생』, 글항아리, 2010.

김성기 외, 『지금, 여기의 유학』, 성균관대학교출판부, 2005.

김슬옹, 『조선시대 언문의 제도적 사용 연구』, 한국문화사, 2005.

마이클 샌델, 『왜 도덕인가?』, 안진환·이수경 옮김, 한국경제신문사, 2010.

백두현, 『음식디미방 주해』, 글누림, 2006.

야마모토 요시타카, 『16세기 문화혁명』, 남윤호 옮김, 동아시아, 2010.

──────, 『과학의 탄생』, 이영기 옮김, 동아시아, 2005.
이민희, 『조선을 훔친 위험한 책들』, 글항아리, 2008.
이성형, 『콜럼버스가 서쪽으로 간 까닭은』, 까치, 2003.
이숙인, 『여사서』, 여성문화이론연구소, 2003.
정양완, 『규합총서』, 보진재, 2008.
정재서, 『동아시아 여성의 기원』, 이화여자대학교출판부, 2009.
조동일, 『한국문학통사 2/3』, 지식산업사, 2005.
최경봉·시정곤·박영준, 『한글에 대해 알아야 할 모든 것』, 책과함께, 2008.
페르낭 브로델, 『물질 문명과 자본주의 1-2: 일상생활의 구조 하』, 주경철 옮김, 까치, 1995.
프래신짓트 두아라, 『주권과 순수성: 만주국과 동아시아적 근대』, 한석정 옮김, 나남, 2008.
피터 왓슨, 『생각의 역사 1』, 남경태 옮김, 들녘, 2009.
필립 아리에스 외, 『사생활의 역사 4』, 전수연 옮김, 새물결, 2002.

─── 마음을 비추는 보물 같은 글, 명심보감

김용옥, 『논어한글역주 2』, 통나무, 2008.
류종목, 『논어의 문법적 이해』, 문학과지성사, 2000.
리쩌허우, 『논어금독』, 임옥균 옮김, 북로드, 2006.
범립본 원저, 추적 편, 『명심보감』, 임종욱 해설, 보고사, 2006.
성백효, 『현토완역 명심보감』, 전통문화연구회, 2010.
임동석 옮김, 『초간본 명심보감 상/하』, 건국대학교출판부, 2003.

랜들 콜린스, 『사회적 삶의 에너지: 상호작용 의례의 사슬』, 진수미 옮김, 한울아카데미, 2009.
마이클 셔머, 『진화 경제학』, 박종성 옮김, 한국경제신문사, 2009.
막스 베버, 『프로테스탄티즘의 윤리와 자본주의 정신』, 김덕영 옮김, 길, 2010.
미르치아 엘리아데, 『세계종교사상사 3』, 이용주 옮김, 이학사, 2005.
시부사와 에이치, 『논어와 주판』, 노만수 옮김, 페이퍼로드, 2009.

시오노 나나미, 『르네상스를 만든 사람들』, 김석희 옮김, 한길사, 2001.

아마르티아 센, 『윤리학과 경제학』, 박순성 외 옮김, 한울, 1999.

에릭 홉스봄, 『혁명의 시대』, 정도영 외 옮김, 한길사, 1998.

윌 듀런트, 『문명이야기: 동양문명 1-1』, 왕수민·한상석 옮김, 민음사, 2011.

윌리엄 L. 랭어 엮음, 『호메로스에서 돈키호테까지』, 박상익 옮김, 푸른역사, 2001.

이이화, 『이이화의 한국사이야기 10』, 한길사, 2000.

장하준·이종태·정승일, 『무엇을 선택할 것인가』, 부키, 2012.

정순우, 『공부의 발견』, 현암사, 2007.

정약용, 『유배지에서 보낸 편지』, 박석무 옮김, 창비, 2009.

카렌 암스트롱, 『축의 시대』, 정영목 옮김, 교양인, 2010.

페르낭 브로델, 『물질문명과 자본주의 Ⅱ-2: 교환의 세계 하』, 주경철 옮김, 까치, 1996.

───, 『물질문명과 자본주의 Ⅲ-2: 세계의 시간 하』, 주경철 옮김, 까치, 1997.